実務の落とし穴がわかる！

# 契約書審査の
# ゴールデンルール30

弁護士 松尾剛行 [著]

学陽書房

# はしがき

　弁護士や企業の法務担当の皆様は、日常的に契約書審査を行われていることだろう。

　その過程では、回避すべき様々な落とし穴が存在する。これまでは、実務経験を積み重ねる中で、自分で、または上司・先輩のピアレビューによって落とし穴に気づきその回避方法を理解してきたと推測される。

　もっとも、全ての弁護士・法務担当者が丁寧な OJT を受けられるとは限らない。そこで、書籍等の方法で OJT によらずにこれらの点を学ぶことができれば、多くの弁護士・法務担当者の皆様に役に立つのではないかと考えた。

　一般的な契約書審査のポイントについては多数の良書が既に出版されている。そこで、屋上屋を架すのではなく、一般的なポイントとは異なった観点、つまり落とし穴回避に特化したのが本書である。

　本書は、重大な落とし穴30点について具体的な設例を出した上で、落とし穴を回避するために必要な知識を説明し、最後に回避するためにどうすればいいかを説明するという構成を採用している。

　本書が、弁護士・法務担当者の皆様がこれまで OJT で学んできた内容を書籍で学べるようにする、という役割を一定程度以上果たせていれば幸いである。解説は、筆者が日常的に行っている（事務所所属）弁護士の契約審査の留意点という観点からの記載が多いものの、法務担当者の皆様にとっても、視点の相違を踏まえてお読みいただくことで、お役に立てるのではないかと考えている。

　なお、本書の4章16については弁護士の時井真先生に助言を頂いた。ここに感謝の意を表する。但し、本書の誤りは全て筆者の責任である。

2024年9月

松尾剛行

**目次** | 実務の落とし穴がわかる！　契約書審査のゴールデンルール30

はしがき ……………………………………………………………………… 3

凡例 ………………………………………………………………………………… 9

## 第1章　契約書審査の基本にまつわる失敗

### 1 リスク管理の意識を持とう

〈契約書審査の目的〉 ……………………………………………… 12

**失敗事例** 雛形と比べただけ

### 2 過剰・過小な修正は NG 〈修正の分量〉……………… 18

**失敗事例** 張り切って大量に修正してしまう

### 3 ビジネスモデルを疑う 〈リスク管理の意味〉………… 24

**失敗事例** 条項の修正より重要なものがある

### 4 沈黙は禁 〈修正が難しい場合の契約書審査〉…………… 30

**失敗事例** 交渉力的に変更は無理だと諦める

### 5 リサーチこそが肝 〈リサーチの重要性〉……………… 36

**失敗事例** 国際管轄をもっと調べておけば……

4

## 第2章　一般条項にまつわる失敗

**6** 責任の範囲を明確にする 〈損害賠償条項〉 ·········· 44
　　**失敗事例** 損害賠償のリスクを見逃す

**7** 初歩であり最難関でもある
　　〈秘密保持条項〉 ·········· 48
　　**失敗事例** 秘密情報の定め方が雑

**8** 生殺与奪の権を握られない 〈解除権〉 ·········· 52
　　**失敗事例** 一方の意向で解除できる条項を見逃す

**9** 網羅できないと心得る 〈バスケット条項〉 ·········· 56
　　**失敗事例** 解除権が限定されすぎ

**10** 永遠に縛られない 〈存続条項〉 ·········· 62
　　**失敗事例** 無限の競業避止義務を見落とす


## 第3章　売買契約にまつわる失敗

**11** 「当たり前のこと」こそ明記
　　〈目的物と仕様〉 ·········· 68
　　**失敗事例** 目的物と仕様にも目を配る

**12** 「別途合意」に逃げない 〈検収条件〉 ·········· 72
　　**失敗事例** 別途合意のまま1年経過

## 13 最悪の事態を想定する 〈契約不適合責任〉 ……………… 76

**失敗事例** 売主にリコール費用を請求できない

## 14 最新改正に気づく 〈保証条項〉 ……………… 80

**失敗事例** 実質は根保証であることに気づけず

## 15 続くからこそ「基本」契約
〈基本契約の審査〉 ……………… 84

**失敗事例** 将来リスキーな取引が待ち受けていた

---

### 第4章 業務委託契約にまつわる失敗

## 16 特掲を忘れない 〈知財の移転〉 ……………… 90

**失敗事例** 全てなのに全てじゃない？

## 17 委託先を見張る 〈個人情報保護法25条〉 ……………… 94

**失敗事例**「データ分析」の含意を確かめない

## 18 実践されなければ意味がない
〈偽装請負回避条項〉 ……………… 100

**失敗事例** 契約条項が守られない

## 19 下請法に注意 〈下請法・フリーランス保護法〉 ……………… 106

**失敗事例**「依頼者に有利ならいい」と思い込む

**20** 明確な基準に基づき確認する
〈仕様の確認と完了確認条項〉 ………………………………………………… 112
**失敗事例** コンサルティングの内容を定めない


**第5章 IT 契約にまつわる失敗**


**21** クラウド時代に対応する 〈クラウド契約〉 ………… 120
**失敗事例** クラウド契約への理解が足りず……

**22** ユーザこそ協力義務を負う
〈システム開発契約〉 …………………………………………………… 126
**失敗事例** 安易な「お任せ」は禁物

**23** 関連契約を踏まえたアドバイスを
〈ERP と Fit&Gap 分析〉 ……………………………………………… 132
**失敗事例** パッケージの利用目的の確認を怠る

**24** 第三者には対抗できない？
〈データ提供契約〉 ……………………………………………………… 138
**失敗事例** データ・オーナーシップに惑わされる

**25** AI のリスクを理解せよ 〈AI 契約〉 ……………………… 146
**失敗事例** AI のことなんてわからない！

## 第6章　Ｍ＆Ａ契約にまつわる失敗

**26** # 1円Ｍ＆Ａでも DD
〈デューディリジェンス（DD）〉 ………………………………………… 152
**失敗事例** 会社購入後に多くの問題が発覚

**27** # 知ってしまった買主は保護されない
〈補償条項〉 ………………………………………………………… 158
**失敗事例** 補償条項を設けたのに補償されない

**28** # リスクに応じた手法を選択する
〈Ｍ＆Ａ方式の選択〉 ……………………………………………… 164
**失敗事例** 倒産されて打つ手なし

**29** # 合併直後に期待の星が退職!?
〈キーマン条項〉 …………………………………………………… 172
**失敗事例** 凄腕の営業担当者が会社を去る

**30** # 支配株主が変われば会社も変わる
〈CoC 条項〉 ………………………………………………………… 178
**失敗事例** オーナーチェンジのリスクを見逃す


まだまだ実務の失敗を避けるために ………………………………… 182

# 凡　例

　法令名等の内容は、2024年9月現在施行のものによります。

　本文中、法令名等および資料、判例を略記した箇所があります。次の略記表を参照してください。

## ■法令その他

| 〈略記〉 | 〈法令名等〉 |
|---|---|
| 個人情報保護法 | 個人情報の保護に関する法律 |
| 下請法 | 下請代金支払遅延等防止法 |
| フリーランス保護法 | 特定受託事業者に係る取引の適正化等に関する法律 |
| 情報公開法 | 行政機関の保有する情報の公開に関する法律 |
| 民訴法 | 民事訴訟法 |

## ■判例

| 〈略記〉 | 〈裁判所名等〉 |
|---|---|
| 最判 | 最高裁判所判決 |

## ■資料

| 〈略記〉 | 〈資料名等〉 |
|---|---|
| 民集 | 最高裁判所民事判例集 |
| Q&A | 「個人情報の保護に関する法律についてのガイドライン」に関するQ&A |

## ■書籍

| 〈略記〉 | 〈書籍名〉 |
|---|---|
| キャリアデザイン | 松尾剛行『キャリアデザインのための企業法務入門』（2022年、有斐閣） |
| キャリアプランニング | 松尾剛行『キャリアプランニングのための企業法務弁護士入門』（2023年、有斐閣） |
| キャリアエデュケーション | 松尾剛行『法学部生のためのキャリアエデュケーション』（2024年、有斐閣） |
| ChatGPTと法律実務 | 松尾剛行『ChatGPTと法律実務』（弘文堂、2023年） |
| システム開発法務 | 松尾剛行・西村友海『紛争解決のためのシステム開発法務』（2022年、法律文化社） |
| クラウド情報管理 | 松尾剛行『クラウド情報管理の法律実務〈第2版〉』（弘文堂、2023年） |

〈判例の表記〉

　判例は、以下のように略記して示しています。

（略記）最判昭和40年９月22日民集19巻６号1600頁

（正式）最高裁判所判決昭和40年９月22日最高裁判所民事判例集19巻６号1600頁

第**1**章

# 契約書審査の
# 基本にまつわる失敗

# ❶ リスク管理の意識を持とう
## 〈契約書審査の目的〉 ••••••••••••••••••••••••••• ▶

### 失敗事例 雛形と比べただけ

　　新人の甲弁護士は、主にパートナー弁護士の乙から任された仕事をこなす日々を送っています。今回も、依頼者であるＡ社がＢ社の業務委託を請け負うにあたり、Ｂ社が提示してきた業務委託基本契約のレビューを任されました。

　　甲弁護士は、各条項をＡ社の業務委託基本契約の雛形と見比べ、Ａ社の雛形と同様になるよう修正しました。

　　しかし、レビュー結果を乙弁護士に確認してもらったところ、「雛形と機械的に比較するだけでは良い契約書審査はできない」とレビューをやり直すように言われてしまいました。

　　「きちんと雛形に従ったのに！」と残念がる甲弁護士でした。

### 解説

#### 1　失敗の原因

　リスク管理というレビューの目的を見失ったため、甲弁護士は契約レビューとして全く意味のないことをしてしまいました。
「そもそも、なぜ契約レビューを行うのか」という点に遡って考えることで、どのようなレビューを行うべきかは見えてきます。甲弁護士もそうしていれば、失敗を回避することができたはずです。

#### 2　リスク管理のために行われる契約レビュー

　そもそも契約レビューは何のために行われるのでしょうか。
　企業法務における契約レビューを念頭に説明すれば、「企業の法務

12

部門が行う業務である『**リスク管理**』のため」ということになるでしょう。

　つまり、企業活動には、様々なリスクが関係します。例えば、法令違反、取引トラブル発生による損害賠償リスク、品質リスク、供給停止リスク等です。これらのリスクの中には法律と必ずしも関係が深いとはいえないリスクもありますが、相当程度以上法律と関係のあるものが多いため、このような法的リスクを中心としたリスク管理を行う必要があります。

　そして、企業の法務部門はまさに、**企業のリスク管理の必要性から設立された部門**で、法務部門の様々な活動はリスク管理の観点から行われています（キャリアデザイン5頁以下）。

　契約レビューを例にとってリスク管理について説明すると、その契約の背景となる取引において、自社が巨額の損害賠償を負うリスクがあるのであれば、例えば、契約書において責任制限条項、つまり、自社が負うべき責任の上限等を設ける条項を規定してそのリスクに対応するべきことになります。

　もちろん、契約書だけの対応ではリスク管理は完結しません。また、相手があることですから、契約条項の変更に応じてもらえないこともあり、そこで、保険や社内における一定の対応（例えば、個人データ取扱の委託を受けるなら社内における受領した情報の安全管理）等によってリスクを回避・軽減等することもあり得ます。リスクが大きすぎて、契約条項を多少修正した程度では受容できるレベルのリスクにならず、そもそも契約を締結すべきではない場合も想定可能でしょう。

　その意味で、契約レビューだけで法務部門のリスク管理は完結しないものの、**法務部門が行うリスク管理において契約レビューは重要な位置を占めています**。

　そして、企業法務弁護士はそのような法務部門からの依頼を受けて、法務部門の行うリスク管理のために、法務担当者と二人三脚で契約レビューを行います（キャリアプランニング39〜49頁）。

第1章　契約書審査の基本にまつわる失敗……13

## 3　リスク管理に活かすために必要な情報の入手

　上記のとおり、リスク管理を行うことが目的で、契約レビューは単なる手段です。そこで、契約レビューを行うにあたっては、まずはリスク管理を行うためにはどのような情報が必要かを考え、**事案を把握**する必要があります。

　例えば、業務委託基本契約というのは極めて漠然としている訳ですが、そこで想定される委託取引の内容としては、以下のようなものがあるでしょう。

■想定される委託取引の内容に関する業務の委託

---

　例1　知的財産、例えば、システム開発（ソフトウェアに関する
　　　　主に著作物の創作）

　例2　コンサルティング業務の委託、例えば、M＆Aコンサルティ
　　　　ング

　例3　個人データ取扱の委託、例えば、ダイレクトメールの発送

---

　そして、このいずれが想定されているのかによって、管理すべきリスクが変わってくる訳です。

　システム開発であれば、知財、例えば著作権の帰属が重要になります。また、システム開発固有の留意点についても十分に目配りする必要があります（5章22（126頁）参照）。

　また、M＆Aコンサルティングでは、委託先が行うコンサルティングの結果を踏まえ、委託元は億単位、場合によっては兆単位の投資を行います。例えば、問題のある投資先に投資してしまった場合には、億単位やそれを超える損害が発生するかもしれません（6章26（152頁）以下参照）。そして、その損害について委託元は委託先に損害賠償請求をするかもしれません。

　さらに、個人データ取扱の委託に伴い個人データが授受される場合

には、もし委託先が個人データを漏洩してしまうと、委託元において莫大な損害が生じ、それが損害賠償として委託先に請求される可能性もあります。この限りでは、M＆Aコンサルティングとも類似していますが、加えて、委託元としては、個人情報保護法25条を遵守するため、委託先に対する監督等を行う必要があります。

　これらはあくまでも一部の例を示しているだけですが、**具体的な情報を入手しなければ適切なリスク管理ができない**ということは十分おわかりいただけたことでしょう。

## 4　長期的な観点からのリスク管理

　これらの具体的な事実関係に関する情報を踏まえることでよりよくリスク管理を行うことができますが、そのリスク管理は、短期的観点で行うのではなく**長期的観点から行う**必要があります（キャリアデザイン7頁以下）。

　すなわち、その業務委託「基本」契約はもしかすると今後の両当事者間の業務委託関係の全てに適用されるかもしれません（3章15（85頁））。例えば、今この契約をレビューするきっかけとなっている目の前の案件では知財は発生しないとしても、この契約書は基本契約ですから、今後知財が発生するような個別契約を締結するかもしれません。そうなった場合には、**この基本契約の知財条項が適用**されてしまいます。

　例えば、委託元である先方が「雛形では知財は委託元に帰属するとありますが、今回は知財は発生しないので、この雛形でも特に貴社に不利益はありません」と述べたとします。仮に目の前の案件に関する限り、その説明が正しいとしても、委託先としては、今後、知財が発生する個別契約にその基本契約が利用され、その場合に知財を召し上げられるリスクを踏まえた対応を行うべきです。

## 5　雛形との比較では何のリスク管理にもならない

　ここまでの説明で、単なる雛形との機械的な比較だけでは、リスク

管理のためという契約審査の目的が実現されないことは明らかでしょう。

　確かに雛形は重要です。各社において、これまでに様々なリスクが発現した経験を踏まえ、それらに対応する文言が考えられ、雛形上に集約されています。一定程度、契約をレビューしてきた経験がある方であれば、相手方雛形の特定の条項が桁違いに詳細だったという経験があるのではないでしょうか。多くの場合、その条項に関する訴訟等のトラブルを経験したため、今後はそのようなトラブルが二度と発生しないようにしようと様々な状況を想定した結果、当該条項に限っては非常に詳細な内容をあえて雛形に入れたものと推察されます。

　このように、**雛形には会社のビジネス環境やその会社の考える重大なリスクが反映されている**以上、契約をレビューする際に、雛形が参考になることは間違いありません。

　しかし、雛形というのは**あくまでも1つの参考資料に過ぎない**のであって、何も考えずにひたすら雛形との差分を示し、雛形に寄せる修正を提案するだけであれば、リーガルテック（ChatGPTと法律実務205頁以下）で十分となってしまうでしょう。それでは、依頼者A社が甲弁護士に頼む意味はない訳です（キャリアプランニング62頁）。

### こうすればよかった

　具体的なビジネスの詳細を理解する等、リスク管理に活かすために必要な情報を入手した上で、長期的な観点からのリスク管理のために必要な内容を盛り込むような形のレビューを行うべきです。

　例えば、失敗事例の契約レビュー業務においては、目の前の（そして、基本契約であれば今後の）業務委託・受託案件に関する現実的なリスクを踏まえ、契約の内容が適正なものになるように対応することが期待されていました。

　長期的に14頁の例1のような形で知財が問題となる可能性もあるのであれば、**知財についてA社としてどのように考えているのか**を踏まえ、リスク管理が可能な条項とすべきです。単なるレポートのような

16

ものを作成するだけであれば、その著作権について「特に強く主張する必要はない」というリスク判断もあるかもしれません。逆に、再利用可能なソフトウェアを作成するところ、「これを今後も自社で使っていきたい」という意向であれば、きちんとその意向が実現できる条項にすべきです。

また、例2や例3のような事例においては、想定される損害賠償リスクを踏まえ、責任制限条項を含む、**リスクを合理的に制限する内容**とすべきです。その際、単に損害賠償額について「報酬を上限とする」といった概括的な記載ではなく、ある特定の個別契約に関する損害については当該個別契約の報酬を上限とする、などと詳細に記載することでリスクをより適切に管理できるかもしれません（逆に、委託者は当該基本契約に紐づく個別契約全ての報酬の合計額を基準としたいかもしれません）。

さらに、例3であれば個人情報保護法等の法令遵守の観点から、一定の内容を受け入れざるを得ないかもしれません。ただし、委託元は法令の観点から必要以上の要求を行うこともありますので（Q&A5-9〜5-12参照）、法令がどこまで要求しているかをまずは理解した上で、例えば、**法令の最低ライン**で譲歩してもらえるよう依頼するなどもリスク管理上必要かもしれません。

なお、単に結論としてどのような条項が望ましいかを示すだけではなく、①B社に示してB社が納得するような説明を行う「**外部コメント**」と、②A社に示してA社におけるリスク管理やそれに関する意思決定に役立てる「**内部コメント**」の双方を活用していくべきです。

---

### ✸ これがゴールデンルールだ！

**単なる雛形との比較では役に立たない。具体的事案において重要なリスクを特定し、当該リスクを軽減等するためにレビューを行う。**

第1章　契約書審査の基本にまつわる失敗……17

# ❷ 過剰・過小な修正は NG

〈修正の分量〉••••••••••••••••••••••••••••••▶

## 失敗事例 張り切って大量に修正してしまう

　A社から、1枚ものの「NDA（秘密保持契約）」レビューの依頼がきました。

　甲弁護士は張り切って、この案件だけに1週間かかり切りで大量の修正をし、ページ数は20頁に膨れ上がりました。

　そうしてできあがった大作を乙弁護士に見せたところ、「この秘密保持契約は『挨拶』みたいなものなんだから、ここまでやらなくても……」と修正が過剰である旨を指摘されてしまいました。また、余計な修正が大量に入っている一方で、重要なポイントで見落としがあり、そこについてもダメ出しを受けてしまいました。

　ここ1週間の苦労が水の泡となった甲弁護士は、「せっかく頑張ったのに……」とガックリ肩を落としました。

## 解説

### 1　失敗の原因

　失敗の原因は、どの程度修正するかを判断する際に、契約レビューにおいて非常に重要なリスク管理（1章1（12頁））の観点が適切に考慮されていなかったことです。

　契約レビュー経験の浅い新人弁護士の場合、そもそも審査対象となる契約書の字面を追うことだけで精一杯で、具体的な修正が何も思いつかない、ということもあるかもしれません。

　これに対し、ある程度契約レビューの経験を積んだ場合（最終的に何も手を入れない（入れられない）という場合はあっても）「何も手

18

を入れたくならない」「潜在的な指摘事項に一切気づかない」ということはあまりないはずです。ただ、経験を積む中で徐々に思いつくポイントが増える中、「何が本当に重要なポイントなのか」という観点が疎かになることはあるかもしれません。

1章1では、契約レビューにおいてはリスク管理を旨とすべきであることを説明しました。

だからこそ、修正の具体的内容はもちろん、**修正の分量もまた、リスク管理を旨として決定すべき**です。

つまり、必要な修正ができず、いわば重要なポイントを「見落とす」ことは、そのポイントに関するリスク管理ができていないので問題でしょう。

一方、一定の経験を積んだ弁護士は、失敗事例のように色々なポイントを思いつくので、見落としという意味での問題は少なくなります。しかし、あまりにも修正が多いと、時間が掛かりすぎて依頼者の満足度が下がりますし、**何がポイントかもわかりにくくなり**、リスク管理の観点からむしろ問題が生じ得るのです。


## 2　必要な修正をしない（過小）のはダメ

新人弁護士が契約書の重大な問題を見落とすことがあります。

筆者は、契約を見る際のポイントとして、以下のように**定義、原則と例外、平等**の点が重要と述べたことがあります（キャリアデザイン48〜49頁）。

■契約書審査の際のポイント

①定義
　普通の日常用語と違うからこそわざわざ定義があることに注意。

②原則と例外
　原則と例外の場合分けが適切か、両方において依頼者のリスクが合理的な範囲にとどまっているかなどに注意。

③平等

両者とも同様の権利が与えられているかに注意。

　もちろんこれだけで十分ということではありません。ただ、例えば重要な条項が一方的で不平等になっている、原則的な取り扱いを受けたい場合のうちの重要部分が例外の対象となっている、日常語としては一見よさそうだが、重要な場合が定義に入っていないので期待される取り扱いを受けられない等を見過ごすと、リスク管理上の問題が生じやすいでしょう。

　また、見落としやすいものとして「**契約書に書いていないもの**」があります。つまり、契約書に書いていればそれについて「リスク管理の観点から問題がないかな？」という考察のきっかけとすることができるのですが、契約書にそもそも規定が存在しなければそのままスルーしてしまうことがあるのです。この点に対する対応としては雛形を参照して、その類型の契約にどのような条項が必要か、それはなぜか（どのようなリスク管理上の意義があって存在するものか）を理解することや（キャリアデザイン35頁以下）、リーガルテックに見落とし防止を助けてもらう（ChatGPTと法律実務233頁）こと等が考えられます。

## 3　修正のしすぎ（過剰）もダメ

　結局のところ、リスク管理のために役立てるというのが契約レビューの目的です。そうすると、例えば甲弁護士のように大量に修正したドラフトを依頼者に送付した場合、依頼者がポイントを理解できなくなる可能性があり、それでは、指摘点をうまくリスク管理に活用することができません。

　もちろん、依頼者の交渉力が強ければ、甲弁護士が修正するようリコメンドした点を全てそのまま相手に押し付けることができるかもしれません。しかし、本当に交渉力が強いのであれば、「この契約書の内容では受け入れられないので、当社の雛形を使わせてくれ」と言え

ばいい話です。依頼者が弁護士にレビューを依頼するのは、交渉力等の観点から少なくとも自社雛形をそのまま使えるような事案ではないからでしょう。

そうすると、大量の（リスク管理上あまり意味のないものを含む）修正を行うことは、依頼者のリスクに関する理解を妨げるだけではなく、依頼者がリスク管理上の**ポイントに絞って交渉をすることでスムーズにリスク管理を実現する可能性を最大化する上で障害となる**おそれがあります。

## 4　リスク管理の観点から優先順位をつける際の視点

### ①重要なポイントを考える

だからこそ、リスク管理の観点から優先順位をつけ、そのような優先的ポイントを依頼者が理解し、重要なリスクをしっかりと管理できるようレビューすべきです。

以下で説明するとおり、**目的、意思決定プロセス、タイミング、そして交渉力**を踏まえ、リスク管理を踏まえた過少すぎず、同時に、過剰すぎないレビューが重要です。

■優先順位をつけて契約書審査をするときの重要なポイント

---

・契約の目的
・依頼者の意思決定プロセス
・契約書審査のタイミング
・依頼者が契約の相手方に対して持つ交渉力

---

### ②契約の目的

失敗事例に登場した NDA は、実際には様々な目的で締結されます。その目的との関係で具体的にどのような情報の交換なのか、管理対象のリスクは具体的にどのようなリスクで、どの程度のレベル（発生可能性、発生した場合の影響）なのか等を踏まえて、それぞれのリスクの重要性の高低を考えましょう。

第1章　契約書審査の基本にまつわる失敗……21

例えば、共同開発が目的の場合に一方的に依頼者だけが秘密保持義務を負うのは重大なリスクでしょうが、目的が相手の工場を訪問するだけなら、たとえ依頼者のみが秘密保持義務を負う片面的な内容であっても、それだけで許容できないリスクとはならないでしょう。乙弁護士が今回のNDAは「挨拶」であると述べたのも、そのような点を鑑みてのことです。

### ③依頼者の意思決定プロセス

　意思決定プロセスとは、依頼者の社内において、**どのようなプロセスでリスク判断が行われるか**です。例えば、依頼者がスタートアップで、社長1人が何でも決定しているという場合、社長にもわかるよう「色々細かいことはありますが、本当に重要なのはココです。ココは修正してもらわないとかなり問題です！」といった形でポイントを絞り、社長が理解できる言葉で説明すべきです（1章4（30頁）も参照）。

　しかし、法務部門の担当者など法律の専門知識を有する人を含む決定プロセスであれば、（法律や聴取したビジネス内容の観点から）弁護士が「修正が必要」と考える箇所の優先順位について、「可能なら」「できるだけ」「是非」「絶対に」といったフレーズで修正に対する推奨度を示す等の形で明示することで、依頼者の法務担当者がビジネス部門と話し合ってくれるでしょう。また、法務担当者のほうから「この事実があれば、優先順位は変わりますか？」という問い合わせをしてくれるなど、依頼者とのコミュニケーションの過程で本当の優先順位が確定することもあるでしょう（キャリアプランニング39頁以下）。そうすると法務担当者とコミュニケーションを行う場合には、優先順位をつける必要はあるものの、過度の絞り込みや過度の簡略化まではしないほうが良いかもしれません。

### ④契約書審査のタイミング

　タイミングとは、**いつまでにレビューし、そのレビューしたものが、意思決定過程でどのように利用されるか**ということです。

　流石に、「今日この契約書にサインします」といった依頼が来ることはないと信じたいものの、契約レビュー依頼のタイミング次第では、

レビューの時間が十分に確保できないことはよくあります。

　その場合、①依頼者にお願いして検討期間を延ばしてもらう、②審査内容を重要なリスク２〜３個の指摘でよいと「握る」（時間がないため契約書審査のポイントをあえて絞る）等、依頼者と話をしてどのようにレビューするかが決まるでしょう。

　例えば法務担当者とコミュニケーションを行う場合、契約書審査の時間が十分にあれば10個の指摘事項について３個が最重要、５個が重要、２個がその他等という形で説明し、修正案を明示するところ、タイミングの観点から最重要となる３個を説明するに留めるということもあります。

## ⑤依頼者が契約の相手方へ持つ交渉力

　交渉力というのは、まさに「**どこまで動かせるか**」の問題であり、本当に交渉力がなければリスクをコメントするだけで終わる（１章４参照）かもしれませんし、「この１点だけは直してほしい」と交渉するようアドバイスすることになるかもしれません。

　弁護士としてもその事案の依頼者の交渉力を踏まえて現実的な交渉が可能な形でレビューをし、コメントや修正案を示すべきです。

### こうすればよかった

　甲弁護士は、リスク管理の観点に立ち戻り、多すぎず、少なすぎない修正をすべきでした。

　その修正が少なすぎないかを考える際は、最低でも「**定義、原則と例外、平等**」等の重要ポイントを見落としてないかを考えましょう。

　その修正が多すぎないかを考える際は、「**目的、意思決定プロセス、タイミング、交渉力**」を踏まえましょう。

### ✺ これがゴールデンルールだ！

**リスク管理を見失った「自己満足」ではプロではない。リスク管理の観点から最適な程度の修正をする！**

第１章　契約書審査の基本にまつわる失敗……23

# ③ ビジネスモデルを疑う

〈リスク管理の意味〉 ............................▶

## 失敗事例 条項の修正より重要なものがある

A社からサービス提供契約のレビュー依頼がありました。この契約は、A社がB社に対して金融関係のサービスを提供する、A社曰く「画期的」なものでした。

甲弁護士は、前回の教訓から、「修正の分量が少なすぎても多すぎてもいけない」と考え、重要な契約修正のポイント（例えば、取り扱う金額が多額となり、損害が多額になる可能性を踏まえて責任を制限すべきこと等）を押さえつつ適切な分量の修正を行い、乙弁護士に提出しました。

さて、甲弁護士の作成したレビューを受け取った乙弁護士は、サービスの内容が金融サービスであることを見つけた瞬間に、金融規制の問題があることに気づきました。乙弁護士は、すぐにA社との会議の場を整え、A社に対して、「A社にこのサービスを提供する資格がない」ことを説明しました。

せっかく頑張って作成した契約レビューがお蔵入りとなってしまった甲弁護士は、自分のミスのせいとはわかりつつも、やるせない気持ちでいっぱいです。

## 解説

### 1 失敗の原因

繰り返しになりますが、契約レビューの目的は、リスク管理（1章1（12頁））です。甲弁護士の失敗の原因は、またしてもこの目的を見失っていたことです。それでは、今回、甲弁護士が見落としたリスクとはどのようなものでしょうか。

この事案において、Ａ社として、例えば取引先Ｂ社に多額の損失が発生し、それが損害賠償という形でＡ社に請求されるという事態は確かにリスクの一つではあります。そこで、甲弁護士は、そのようなリスクを正しく特定することはできたようです。

　もっとも、契約書の各条項（条項としてその時点で記載されてないものを含むことは1章2（18頁）のとおり）に明記されている範囲でリスク管理をすれば足りるということではありません。

　すなわち、乙弁護士が気づいたように、「**そもそもその契約を結んでも大丈夫なのか、大きなリスクが発現しないか**」を考えるべきでした。

　もしかすると、依頼者から「この取引スキームは適法ですか？」と聞かれれば、甲弁護士は、金融規制上の問題を指摘して、「コンプライアンス上の問題がある」とアドバイスすることができていたかもしれません。ただ、そのように明示的に聞かれない場合でも、リスク管理上必要なアドバイスを甲弁護士としては行うべきだったのです。

　しかし、条項の修正に熱中し、**根本のビジネスモデルを疑うこと**ができませんでした。

## 2　ビジネスモデルのコンプライアンスリスク

　契約条項に限られないリスクとして重要なのはビジネスモデル全体のコンプライアンスリスク、つまり、そもそもそのようなビジネスモデルが適法なのかということです。筆者は「**画期的なものには何か裏がある**」とよく述べています。

　すなわち、「これまでなかった画期的なビジネス」ということは、必ずしも誰もそれを思いついてないとは限りません。むしろ、実際には誰かが気づいていたものの、何らかの理由であえてやっていない可能性があります。

　もちろん、その「理由」が「これまでは技術的に難しかったが、今回新技術を開発してその技術的困難性を解決した」というようなものであれば大きな問題がない場合もあるでしょう。しかし、契約レビュー

第1章　契約書審査の基本にまつわる失敗……25

を行う場合には、「そのビジネスモデルが違法だからやっていない」という可能性はぜひ意識すべきです。

　失敗事例では、金融規制があり、許認可を受けないといけないためにこれまで行われてこなかったというのが、「画期的」とされた理由でした。このように、ビジネスモデル自体のコンプライアンスリスクという観点を入れずに契約の文言だけをレビューすることは、リスクの「本丸」を見逃したと評されても反論できないでしょう。

　その他、ビジネスモデルの中に個人情報（個人データ）の授受がある場合の**個人情報保護法上のリスク**や**知財リスク**等もビジネスモデルのコンプライアンスリスクとしてあげられます（ただし、実務上、知財条項（4章16（90頁））や個人情報条項（4章17（94頁））で対応することも多いので、契約条項対応の中でリスクに気付くことができる可能性があります）。

## 3　取引を理解する

　このようなリスク管理を実現する契約レビューをするためには、ビジネス、すなわち**契約の背景となる取引を理解**することが重要です。つまり、契約書の文言レベルの有利不利だけを考えて修正したりコメントしたりするのではなく、「問題となる取引はどのようなものか。そのような取引の全体像からして、何が重要なリスクか」という観点で考えるということです。

　このように取引について具体的に考えることは、1章2で述べた、具体的な事案におけるリスクの高低を踏まえた優先順位付けに資するだけではなく、本項で述べるビジネスモデル自体のリスクに気づくことにもつながります。だからこそ、それがより良いリスク管理になるのです。

　例えば、依頼者から説明してもらう、取引関係図をもらう等して取引に関する情報を収集しましょう。場合によっては、乙弁護士が行ったように、依頼者との会議の場を設けたほうがいいこともあります。

■取引を理解し、ビジネスモデル自体のリスクに気づく

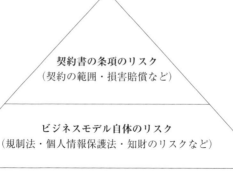

依頼者から説明を受ける、取引関係図を見せてもらうなど取引を深く理解する

## 4　NGなのか、微修正でなんとかなるのか

　このような観点で取引を見ると、当然のことながら、様々な法令との関係で、その取引が大丈夫か、という疑問が多々生じるでしょう。それがどのようなものであっても、コンプライアンス上の懸念があればプロジェクトを止めなければならないのでしょうか。

　筆者は、ここではリスクを正確に把握し、**問題となる可能性の高低**や、**いざ問題だとされた場合の影響**を踏まえて検討することがポイントだと考えます。

　例えば、完全な「白」とまでは言い切れなくても、かなり白に近いグレーだということができる場合はあります。また、その問題が、形式的に第三者との契約違反になる理論上の可能性はゼロではないもののその違反を問われる可能性は低い場合と刑罰法規違反や重大な被害が想定される場合では、異なる判断になり得るでしょう。

　このような観点から、できるだけリスクが少なくなるようにビジネスモデルの微修正や、取引を進める際に遵守すべき事項を考えて、リスクが管理できる範囲に留まるようにすべきです。リスクが管理でき

第1章　契約書審査の基本にまつわる失敗……27

ないレベルであれば、プロジェクトを止める判断になりやすいでしょう。

## こうすればよかった

甲弁護士としては、契約の細かな文言に最初から飛びつくのではなく、まずは、「どのような取引に適用される契約なのか」という点について関心を持ち、必要に応じて依頼者から情報を得るべきでした。

そのような情報収集の際は、当該取引の複雑性に応じて、メールやビジネスチャットで説明してもらう、取引スキームの資料を受領する、会議の中で必要に応じて（物理的な、又は電子的な）ホワイトボード等に図を書いて整理する等の方法で正確に把握することを試みるべきです。

その結果、一定以上のビジネスモデル自体のリスクがあるとなれば、その点についてリスクを分析（例えば、関連する規制法のリサーチを行う等）し、**ビジネスモデルの修正により対応可能な余地がある**ならば、そのようなアドバイスをすべきです。

「これが契約レビュー業務なのか？」という疑問があるかもしれませんが、そうなのです。これこそが法務が行うリスク管理を支援するという、契約レビューにあたり甲弁護士に求められる業務です。

本件のような「契約レビュー」を依頼された場合でも、少なくとも「ビジネスモデル自体」に重要なコンプライアンスリスクがあれば、その点を依頼者に伝えるべきです。

なお、実は依頼者側でこの点の検討を済ませていたからこそ、弁護士に「契約レビュー」のみを依頼しているという場合もあるかもしれません。また、依頼者が、「弁護士の契約レビューが終わり次第契約を締結してビジネスを始めよう」と前のめりになっているような場合もあり、そのときは、「ビジネスは進められない」という回答が来てしまうと、それまでの（少なくとも弁護士への依頼から回答までの間に行ってきた）準備が無駄になってしまいます。

そのため、コンプライアンスリスクの部分をある程度以上の時間を

かけて掘り下げる際は、「コンプライアンスリスクがあり得るので、この点を契約レビューに併せて検討するつもりである」旨を早めに依頼者に伝えるべきでしょう。

このような依頼者とのコミュニケーションを密にした上で、コンプライアンスリスクについても（ビジネスモデル修正提案を含む）適切なアドバイスを行い、依頼者によるリスク管理を支援すべきです。

## ✴ これがゴールデンルールだ！

個別の条項のみに注意を向けて視野狭窄になってはいけない。視野を広げて、ビジネスモデル全体のコンプライアンスリスクにも留意し、依頼者のリスク管理を支援せよ！

## 4 沈黙は禁

〈修正が難しい場合の契約書審査〉

**失敗事例** 交渉力的に変更は無理だと諦める

A社からの依頼で、A社が相手方から雛形として提示された業務委託契約書のレビューを行うこととなりました。

この契約について「相手方の意向で、この契約書の内容変更はできない」というメールがA社から届き、メールを読んだ甲弁護士は「内容が変えられないのであれば、レビューをする意味がない」旨を返信しました。

CCに入っていた乙弁護士は、そのメールを見て大慌てで「レビューするのでお待ちください」と割って入りました。

乙弁護士は、甲弁護士に対して「交渉力がなくて変更が不可能でもレビューはするように」と伝えますが、甲弁護士は「レビューしても何も変えられないなら、レビューをする意味がないじゃないか」となかなか納得のいかない様子です。

**解説**

### 1 失敗の原因

甲弁護士として、「自分にやることがない」と判断したことには一応の理由があります。

つまり、契約レビューは、契約上のリスクを指摘し、リスクを回避、軽減等するために相手方と契約交渉をして、適切な条項にするというのが、少なくとも「一般的」な進め方です。ところが、本件では、「修正が不可能だ」と言い渡されているのです。このように、通常の進め

方では契約をレビューできないことから、甲弁護士は、「レビューなんてしたところで無駄だ！」と結論付けたものと推測されます。

しかし、繰り返しになりますが、そもそも契約レビューはリスク管理のために行われます（1章1（12頁））。そうすると仮に契約書の条項の修正ができなくても、その中で「リスク管理のためにできること・すべきことはないか」などを考えるのが正しい発想です。

「交渉力がないので、契約条項は動かせません」と言われることは実は実務では少なくありません。そのような中、どうやって依頼者のリスク管理を支援するか、それが**弁護士の腕の見せ所**です。

まさに、「**変更不可能でも、リスク管理のためにできることはないか**」という視点を欠いていたところが、甲弁護士の問題点です。

## 2　修正の余地は「ゼロ」か

例えば、相手が大企業で依頼者は中小企業だとしましょう。この場合、依頼者として「大企業様と取引できることがありがたく、もう契約条件はなんでもいいです！」というようなスタンスになることもあります（金額や目的物については、別途ビジネスサイドで合意していることが前提です）。

しかし、そのような交渉力格差がある場合であっても、例えば、相手方の大企業に対して「この1点だけ、ぜひ修正の検討をお願いします！」と言えば、（断られるかもしれませんが）少なくとも検討を頭から断られるということはないでしょうし、また、修正すべき正当な理由があれば、「この1点だけなら」と受け入れてくれることも十分ありえます。

例えば、本件が業務委託契約で、プログラムの作成が内容となっているとしましょう（業務委託契約に様々な内容が含まれることにつき1章1参照）。大企業が委託者となる契約ですと、「プログラムの著作権は大企業に譲渡される」という文言が入ることは少なくなく、また、依頼者としても、「このプロジェクトで新たに作ったプログラムは大企業に著作権が移転することになるのは仕方がない」と思っているか

第1章　契約書審査の基本にまつわる失敗……31

もしれません。

　しかし、例えば「成果物に含まれた著作物は既存のものも含めて全て大企業に移転する」となっていれば、例えば依頼者が他のプロジェクトでも利用している再利用可能なモジュール等の著作権も奪われ、今後の別のプロジェクトで使えなくなるリスクがあります。

　このようなリスクを知った上でなお、依頼者が「全部新規に書き下ろすので大丈夫」と考えるなど、契約外の対応（1章1（13頁）参照）ができるのであれば、そこの点さえも交渉せず、原案のまま受け入れることになることはあります。

　しかし、それでも、業務委託契約書の審査を頼まれた弁護士としては、依頼者に、「既存のモジュールなど再利用可能なものが成果物に含まれたらもう再利用できなくなるが問題ないか」などと注意喚起を行い、必要ならこの点だけでも交渉してもらうべきでしょう。


## 3　サイドレター等での対応を視野に入れる

　なお、具体的事案によりますが、「交渉力的に契約内容の変更は不可能」などと言われた場合でも、その契約書本体ではなく、**特約事項**や、**覚書**等のサイドレターといった形であれば、修正を前向きに検討してもらいやすくなることがあります。

　つまり、契約書本体の修正には極めて重い社内プロセスが適用されるため現実的ではないが、サイドレターなら柔軟に対応できるということもあるのです。そのような、サイドレターによる修正の可能性を指摘することも弁護士の重要な役割です。

**■覚書による条項の修正の例**

---

覚書

　B社（以下「委託者」という。）とA社（以下「受託者」という。）は、委託者と受託者の間の20XX年X月X日付業務委託契約（以下「原契約」という。）につき、以下のとおり合意した（以下「本

---

覚書」という。）。

第1条（変更）
第26条（著作権）の末尾に以下を付け加える。
「5　前4項の定めにかかわらず、受託者が原契約締結時に既に
保有していた著作物の著作権については、受託者に留保されるも
のとする。但し、委託者は、本件プログラムを利用するために必
要な範囲で、自由に複製、翻案することができるものとし、受託
者は、かかる利用について著作者人格権を行使しないものとする。」

第2条（原契約の存続）
本覚書で明示的に修正されたものを除き、原契約の条項は変更な
く存続するものとする。

以上を証するため、本覚書2通を作成し、委託者及び受託者は1
通ずつ保管するものとする。

【署名欄】

## 4　そもそも進めるべきでない案件ではないか？

　さらに、「交渉力的に契約内容の変更は不可能」という場合、その
案件はリスクが高すぎて、長期的リスク管理（1章1（15頁））の観
点から、**そもそも進めるべきではない案件の可能性**があります。
　コンプライアンスについては、1章3（24頁）で述べたので、ここ
ではコンプライアンス以外の例を出しましょう（キャリアエデュケー
ション127頁以下参照）。

第1章　契約書審査の基本にまつわる失敗……33

■そもそも進めるべきではなかった案件の例

〈帳合取引事例〉
　Ｃ社はＢ社に商品を売り込むため、Ｂ社と取引実績のあるＡ社に間に入って転売するよう依頼した。
　その結果、毎月Ｃ社が１億円で売った商品をＡ社がＢ社に１億100万円で転売し、Ａ社は特に何もせず毎月100万円を得ていた。３年が経過して取引額約36億円、Ａ社が約3600万円の利益を得た段階で、商品の欠陥が判明した。
　Ｂ社は製品の回収（リコール）を行い、回収費用30億円をＡ社に請求する。Ｃ社は費用を負担することができず、Ａ社はほぼ全額を負担することとなった。

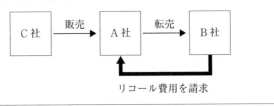

　このような事例について、Ａ社、特にその法務部門としては「何もせず100万円を得られる」という**短期的な視点に基づく発想**で取引を開始することを承認してはなりません。「長期的には、大きな損失が出てしまうのではないか」という観点からリスクを管理すべきです。そしてそのリスクを管理することこそがＡ社の法務の仕事なのです（なお、Ｂ社はＣ社と直接取引をするのではなく、あえてＡ社を間に入れることでリスクを管理しているともいえます）。
　もし依頼者がこのような危ない取引を進めようとしているなら、「リスクが大きすぎないか？」「リスクは管理できているのか？」と問うことも弁護士の重要な仕事です。

## 5　リスク管理の余地は大きい

　これらの観点以外でも、例えば「この契約条項を受け入れるという

のであれば、その義務を遵守するため、社内でこのような体制を整備しておかないといけませんが、準備はできていますか？」とか、「この高額賠償のリスクについて、どうしても責任制限条項を入れる交渉はできないということであれば、保険等は検討されましたか？」といったように、リスク管理に関するアドバイスの余地があるはずです。

### こうすればよかった

　甲弁護士としては、単に契約条項の修正ができないというだけで思考停止に陥らず、「リスク管理のために自分は何ができるのか」という視点で案件を検討すべきでした。

　いわゆる「**リスク告知**」（キャリアデザイン80頁以下）と言われるような形で、条項自体は修正できないことを前提に、契約条項のリスクや依頼者としてその条項をそのまま呑む場合になすべきこと等をコメントすることが考えられます。

　また、「変更不可能」と言われても、一応、依頼者との会議の場で、例えば「この1点は変更を申し入れてはどうか」と助言したり、「そもそも取引を進めるべきではない」と説明したりするなど、そのまま契約を結ぶことを前提としない提案をすべき場合もあります。

### ✸ これがゴールデンルールだ！

**単に「契約は修正不可能」と言われただけで思考停止に陥っていてはならない。修正自体が無理でも、依頼者に適切なリスク管理上のアドバイスを行うことで依頼者の期待に応えられる！**

第1章　契約書審査の基本にまつわる失敗……35

# ⑤ リサーチこそが肝

## 〈リサーチの重要性〉 ‥‥‥‥‥‥‥‥‥‥‥‥‥▶

### 失敗事例 国際管轄をもっと調べておけば……

　　A社から、中国企業B社を相手方とした売買契約のレビュー依頼がありました。

　過去に売買契約のレビューを行った経験がある甲弁護士は、今回は自信ありげです。「リスク管理のために、適切な分量で、ビジネスモデルも踏まえた修正・コメントをするぞ！」とこれまでの教訓をしっかりと踏まえ、やる気も十分です。

　張り切ってレビューを進めている甲弁護士ですが、進捗の確認でレビューを見た乙弁護士に「裁判所が東京地裁になっていては意味がないだろう」と指摘を受けました。

　甲弁護士は「一番有利な依頼者の本店所在地の東京地裁で裁判できるのに、何が問題だというのだろう？」ときょとんとしています。

### 解説

### 1　失敗の原因

　本件の失敗の原因は、調査をすれば分かったことについて、甲弁護士が調査を怠ったことにあります。ここでいう調査をすれば分かったことというのは、簡単にいえば、日本の裁判所と中国（大陸を意味する。以下同じ）の裁判所が**相互に判決を承認・執行していない**ということです。

　本件で、相手方である中国企業の資産が中国にしかないとしましょう。

仮に甲弁護士のドラフトした条項どおりに当事者間の合意が成立し、東京地方裁判所に紛争が持ち込まれ、依頼者A社が勝訴したとします。A社としては、この判決どおりに相手方であるB社が履行すれば万々歳ですが、判決どおりに履行しない、つまり、踏み倒される可能性は否定できません。

　その場合には、この判決を中国の裁判所に持って行って判決を承認してもらい、中国での執行を行う必要があります。ところが、中国は日本の判決を承認執行しません。つまり、中国において日本の裁判所の判決は「紙切れ」に等しいのです。この点は批判があるところですが、**リサーチをすればすぐ判明したことでしょう。**

　しかし、甲弁護士はリサーチを怠ってしまい、リサーチをするべきであった旨、乙弁護士から指摘されたのです。

　これはあくまでも一例ですが、リーガルリサーチを怠ると、依頼者のリスク管理を実現できません。

## 2　自分が知っているという思い込み、法改正等に注意

　リサーチを怠ってリスク管理の役に立たない対応をしてしまう理由はいくつかあります。

### ①自分が知っているという思い込み

　まず、思い込みがあります。つまり、日本の国内管轄であれば、例えば依頼者が東京で相手が沖縄の場合、（裁判のIT化により、飛行機に乗って出張することの必要性は低下したものの）証人尋問期日等を考えると、沖縄の裁判所（那覇地裁等）を管轄としても手間と費用は変わらないとは言い難いです。そこで、やはり依然として「**依頼者に近い裁判所の管轄にすると有利**」という原則は維持されます。この原則があるため、甲弁護士は「依頼者に近いほうが有利なのは国際管轄にも当てはまる」と思い込んだのでしょう。

### ②法改正や判例変更の不勉強

　次が法改正や判例変更です。自分が勉強したときの内容から法律や判例が変わるということは十分にあり得ます。そのような場合に備え

第1章　契約書審査の基本にまつわる失敗……37

てリサーチをしないと、古い知識に基づく（最新情報からすれば）間違った理解により、不正確なリスク判断をしてしまうかもしれません。

### ③例外的な事案であることに気づかない

さらに、原則は正しいが、例外に該当する事案だったということもあります。この事案も、日本の裁判所の判決を承認執行する国との取引であれば東京地裁管轄はそう悪くない選択かもしれませんでした（なお、下記【こうすればよかった】も参照）。しかし、中国は明らかに NG です。

## 3　リサーチ不足による典型的なミス

リサーチ不足を原因としたミスとしては様々なものがありますが、典型的なものとして例えば、準拠法条項において、国際的な物品売買であって、相手方企業が CISG（「国際物品売買契約に関する国連条約」United Nations Convention on Contracts for the International Sale of Goods：ウィーン売買条約）加盟国の企業であるのに、CISG が原則として適用されてしまうことを知らず、その適用を明示的に排除しないため、**知らないうちに CISG が適用**されているというミスがあります。

また、有名な取引条件である FOB（Free on Board：本船渡し）を**在来船以外の取引で利用することは間違い**です。例えば、コンテナ運送や航空運送について、FOB を利用すべきではありません。

さらに、AI の利用についての条項、例えば、委託の際に「AI を利用してはならない」とか「AI を利用したことを明示した上で実質修正を行い、AI の提示したものと合わせて提出しなければならない」といった条項がリスク管理のため必要な場合があること等、最新情報をアップデートして把握することが望ましいといえます（5 章25（146頁）も参照）。

## 4　リサーチの根拠としてふさわしいか

それではリーガルリサーチはどのように進めれば良いでしょうか。

キャリアプランニング89頁以下を参考に以下説明していきます。

　特に甲弁護士のような若手弁護士を想定すると、「自分がこう思うから」というだけでは、通常説得的な回答になりません。レビューにあたっては実務上相当の「**根拠**」が必要です。

　通常は根拠として相当なものとされないものとして、以下のものが挙げられます。

**■リサーチの根拠として一般に不相当なもの**

- ・WEBサイトの記事（政府等の公式サイト上のQ＆A等を除く）、ブログ、SNS投稿等
- ・一般向けの書籍、雑誌等
- ・講演、授業等で誰々がこう言っていたという情報（講演録・講義録が出版されている場合を除く）
- ・ChatGPT等の生成AI

　これに対し根拠として相当なものとされるものとしては、実務上以下のものが挙げられます。

**■リサーチの根拠として一般に相当なもの**

- ・法学者の書籍（逐条解説を含む）
- ・法学者の論文
- ・法学者の判例評釈
- ・判例（のレイシオデシデンダイの部分）
- ・調査官解説
- ・当該法令を管轄する政府機関等（なお、独立行政法人、業界団体等もこれに準じるオーソリティーを持つこともある）の通達、告示、ガイドライン、Q＆A等

　その他、信用できる実務家の書籍・論文・判例評釈等も根拠として相当とされることがあります。

第1章　契約書審査の基本にまつわる失敗……39

このような調査を行った上で、例えば国際管轄について定評のある書籍に記載があり、それを元にするとこのような国際管轄条項にすることが依頼者のリスク管理になる（下記【こうすればよかった】参照）、ということが判明すればリサーチは完了です。

特にタイムチャージを想定すると、調査不足でもNGですし、また、ダラダラ調べて**時間ばかり空費するのもNG**です。適切な深度のリサーチをすべきでしょう。

## 5　調査期間について

なお、実務上は、レビュー期間が決まっていてその期間内では調査が間に合わないということも十分にあり得ます。そのような場合には、期間を延ばしてもらうなどの方法があります。

期間を延ばすのが難しい場合、依頼者にほぼ完成したものを期限までに送った上で「この部分は追って並行して確認したい」などとして、**リサーチが必要なところ以外を先行して送り、依頼者の確認中にリサーチをする**などの実務対応を考える必要があるでしょう。

### こうすればよかった

甲弁護士は、思い込みにとらわれず、関連する事項、具体的には国際管轄について「これでいいのか？」と適切な深度の調査を行うべきでした。

もしそのような調査を行っていれば、日本と中国の間で相互に判決の承認執行が行われていないことが判明したことでしょう。

なお、裁判所の判決が相互に承認執行されない場合の実務対応として、裁判管轄に合意するのではなく国際仲裁に合意するという方法があります。つまり、日本も中国も加盟しているニューヨーク条約により、仲裁判断は相互に執行可能となっています。

そこで、例えば日本商事仲裁協会（JCAA）における国際仲裁に合意することが実務上有力な選択肢となり、この場合にはニューヨーク条約に基づき、仲裁判断が中国においても執行されることになります。

なお、本件のようなリサーチはあまり時間がかからないと思われますが、本件と異なり時間がかかる反面、依頼者の設定した期限が迫っている場合、甲弁護士のようなアソシエイト（イソ弁）であれば、まずはパートナー（ボス弁）に「リサーチの必要性とその期間を考えれば今依頼者から伝えられている期限には間に合わない」ことを伝えて、**パートナーの判断を仰ぎましょう。**

　そのような依頼者との調整は、依頼直後ならスムーズにいくことが多いものの、締切ギリギリに依頼してしまうと、「今頃着手するからこういうことになるのではないか？　適時に着手していればリサーチも含め期限に間に合ったのではないか？」というような印象を与える可能性もあります。

　よって、このような調整の検討が必要な場合は、**できるだけ早くパートナーに連絡**すべきです（キャリアプランニング16頁以下も参照）。

### ✺ これがゴールデンルールだ！

**適切な深度のリサーチで依頼者のリスク管理に貢献する！**

第**2**章

一般条項にまつわる失敗

# ⑥ 責任の範囲を明確にする
### 〈損害賠償条項〉 ••••••••••••••••••••••••••▶

### 失敗事例 損害賠償のリスクを見逃す

Ａ社が受託者になる業務委託基本契約のレビューについて、甲弁護士はしっかりとレビューしましたが、相手方ドラフトに損害賠償条項がないため、損害賠償については特に規定を入れませんでした（失敗①）。

別の日、Ｂ社の業務委託基本契約のレビューでは、損害賠償条項について、「本契約上の報酬額を上限とする」という規定があったので、「上限があるならいいか」と特に修正を求めませんでした（失敗②）。

後日、レビューを確認した乙弁護士からは「ほかはよく頑張っているが、損害賠償条項をもっと勉強するように」と言われてしまいました。

### 解説

## 1 失敗の原因（失敗①）
### ①ないものには気づきにくい

「ある」ものには目が向きますが、「ない」ものには目が向きづらいです（1章2（18頁）参照）。甲弁護士の失敗の原因もそこにあります。

失敗①では、甲弁護士は、もし相手方の送付したドラフトに損害賠償条項があれば、「依頼者は受託者として（準委任の場合）善管注意義務を尽くして業務を遂行すべきところ、仮に結果が思うようなものにならない場合、相手方は依頼者に善管注意義務違反等を理由に損害賠償請求をするのではないか。リスク管理のためには、それが過大な額となることを防ぐため、**責任制限条項**を設けるべきではないか」と気づけたのではないでしょうか。

44

しかし、今回は相手方の雛形に当該条項がなかったわけです。ないものには気づきにくく、甲弁護士はスルーしてしまいました。

## ②任意規定の意味

ここで念のため、契約に特定の条項がない場合にどのような規律になるのかについて確認しましょう。

民法の任意規定は、当事者が特約を結ばない場合に適用されます。典型的には、契約書を作成せず、単に「依頼します」「依頼を受けます」という口頭合意で契約を締結した場合が挙げられます。それ以外にも、本件のように契約書自体は作成されたものの、当該事項に対応した条項が存在しない場合にも任意規定が適用され得ます。

典型契約であれば当該契約類型に関する条項（例えば準委任契約であれば、準委任に関する条項、つまり、民法656条で準用される委任に関する条項）に加え、総則の、特に法律行為関係の規定、当該案件が物権に関する場合（例えば動産・不動産の引渡しが伴う場合や担保物権の設定がある場合）には物権に関する規定、債権総則に関する規定、契約総則に関する規定等も適用されます。つまり失敗①では、民法416条が適用されることになり、その結果、**相当因果関係がある限り、ある意味では青天井で損害賠償**を請求されてしまいます。

## ③責任制限条項

このような青天井の賠償に対しては、損害賠償の支払いをすることが多く想定される側としては、「特約で損害賠償を制限したい」、これに対し、受領をすることが多く想定される側としてはむしろ「青天井としたい」という形で利害が対立し得るところです。

最終的にはいわばケースバイケースの交渉マターですが、**報酬額**はその交渉の際の一つの参照点となり得ます。つまり、その案件で授受される報酬の額は、ある意味では**リスクの量を示す指標の一つとなり**得ることから、報酬額を上限とすることを軸に交渉が進むことがよく見られます。

## ④どうすれば「ないもの」に気づけるか

「ないもの」に気づくことはなかなか難しいものの、**雛形等を参考**

にその類型の契約でどのような条項が標準的に含まれているかを踏まえ、「不足する条項」はないかを精査すべきです。なお、リーガルテックがこの点を支援しています（1章2参照）。

## 2 失敗の原因（失敗②）

### ①リスク管理はできている？

依頼者であるＡ社が損害賠償を払うことが多いと識別された場合には、少なくとも**損害賠償の上限規定**に向けた交渉（又はそのような交渉が望ましいとのコメント（1章4（30頁）参照））を行うべきでした。

失敗②では既に賠償の上限として「報酬額とする」という規定が入っていました。そこで「リスク管理は既にできている」と考えてしまったのが甲弁護士の誤りです。以下、詳しく説明します。

### ②基本契約の性質

甲弁護士がレビューするのが基本契約である（1章1（12頁））ということは、基本契約の損害賠償制限規定が、その後に締結される個別契約に適用されていくことを意味します（1章1（17頁）も参照）。

基本契約に「報酬額を賠償の上限とする」という規定がある場合、例えば、目の前の契約が1000万円のものであっても、毎月1回そのような契約が締結され、10年経過すれば合計12億円になります。仮に、10年後に1000万円の個別契約でＡ社がミスをしてしまった場合、「本契約」、つまり基本契約の報酬額は12億円ですので、場合によってはＡ社は10億を超えるような多額の損害賠償義務を負うことになってしまいかねません（もちろん、相当因果関係ある損害がどの程度発生しているかにもよりますが）。

リスク管理を適切に行うにはリスクの特性を踏まえることが必要です（1章3（24頁）も参照）。失敗事例のような場合には、基本契約に紐付く個別契約が積み重なることで、「本契約」つまり基本契約の報酬額はますます多額となることから、「そのような基本契約全体に関係する報酬を損害賠償額の上限とするとリスク管理の観点から問題があるのではないか」という視点をもち、**問題となる個別契約の報酬**

を上限とできないか検討を促すべきでしょう。

## 3　その他の損害賠償条項における留意点

### ①損害類型

　「特別損害を（予見の有無にかかわらず）そもそも損害から外すべきではないか」「間接損害、付随的損害、データに関する損害等、損害の類型に応じて賠償対象から外せないか」という議論があります。

### ②情報漏洩に関する損害等

　委託者としては、「そこまで委託事務の報酬は多くないが、大量のデータを渡すところ、情報漏洩が起これば大変な損害となるため情報漏洩に関する損害を青天井としたい。少なくとも通常の場合より上限を上げたい」というニーズがある場合もあります。

### ③生命身体、故意重過失

　なお、仮に責任制限に合意できても、生命身体への損害や故意・重過失の場合には**公序良俗**（民法90条）を理由に責任が制限できないという考えが一般的です。

### こうすればよかった

　甲弁護士はリスク管理という本来の契約レビューの目的に立ち戻り、契約リスク管理の観点から、失敗①であれば、**足りない条項はないか**を精査すべきでした。また、失敗②においても、**その条項でリスクが管理できているか**を精査すべきでした。それによって、適切な責任制限規定を入れ、予想外の高額の損害賠償責任を負うリスクを管理すべきでした。

### ✹　これがゴールデンルールだ！

巨額の賠償責任を依頼者が負うような条項への注意喚起が必要である。適切な責任制限条項でリスク管理を！

第2章　一般条項にまつわる失敗……47

# 初歩であり最難関でもある
〈秘密保持条項〉

### 失敗事例 秘密情報の定め方が雑

　甲弁護士は、Ａ社から依頼のあった業務委託契約のレビューを任されました。この案件では、Ａ社が業務委託を行う側です。
　さて、甲弁護士は、依頼者に対し、秘密情報をどちらが多く受領するか確認しませんでした（失敗①）。また、別の日のレビューでは、裁判所・官公庁からの開示要請がある場合を例外的に秘密情報に含まれないこととする条項としてしまいました（失敗②）。
　ピアレビューを行った乙弁護士にそれらの点を改善するように求められた甲弁護士は、「またやってしまった！」と、頭を抱えるのでした。

### 解説

## 1　失敗の原因（失敗①）

①リスク管理に必要な情報を収集していない

　甲弁護士は依頼者のリスク管理を行うために契約をレビューしています。そうであれば、リスク管理に必要な情報を収集しなければなりません。これを怠ったことが失敗①の原因です。

②秘密保持条項のリスク管理に必要な情報とは？

　秘密保持条項の文脈で言えば、具体的には、**どちらがどの程度の質・量の秘密を授受するのか**という情報です。つまり、案件によっては事実上、一方的に情報が渡される（渡す）案件もあれば、同程度の質・量の秘密を授受し合う案件もあります。
　例えば、依頼者が一方的に秘密を渡す案件では、リスク管理の観点

からその秘密の質・量に対応した適切な義務を相手に負ってもらう必要があります。逆に依頼者が一方的に秘密情報を渡される案件の場合、過度に厳しい秘密保持条項であれば、依頼者にとっての負担が重過ぎる可能性があり、その負担を合理的なものにする必要があります。

これらの対応のうちいずれを行うのかは、どのような質・量の秘密情報を依頼者が渡し、また、渡されるかに基づきます。よって、甲弁護士はそのような情報を、**リスク管理に必要な情報として、収集する**必要がありました。

### ③契約内容から推測できる場合

秘密情報を渡すのか、渡されるのかは案件により異なりますが、契約内容次第ではおおむね依頼者がどちら側かを推測することができる場合はあるでしょう。

例えば、依頼者が相手方から情報を受領して分析をし、その分析結果報告書という成果物を作成する場合、（成果物作成の過程に依頼者のノウハウが含まれるとしても）成果物そのものに依頼者側のノウハウ等が含まれないなら、**依頼者のほうが多くの質・量の情報を受領**すると推測できます。

また、逆に依頼者が独自に蓄積・収集してきた秘密情報を相手に提供することが委託の内容であれば、成果物には依頼者の多くの秘密が含まれると予想され、基本的には、**依頼者のほうが多くの情報を提供**すると推測できます。

ある程度正確に予測できるのであれば、**予測に基づきレビュー**した上で前提となる予測とその根拠を伝え、もし違っていたら教えてもらえるようコメントするということでも良いかもしれません。

## 2 失敗の原因（失敗②）

### ①具体的シチュエーションを想定していない

弁護士としては具体的シチュエーションを想定したレビューで依頼者のリスク管理を支援することが求められています。特に、依頼者が重要な秘密を提供する場合には、何が秘密保持義務の対象となる秘密

情報かについて、慎重に検討すべきです。甲弁護士がこれを怠ったことが失敗②の原因です。

### ②一度提供したら公開情報となるのか？

官公庁や裁判所への情報の提供を義務づけられた場合に、「開示者として秘密保護を求める手続に受領者が協力する」などの一定の要件の下、**官公庁や裁判所への提供を認める**こともあります（実務上は法的義務がなくても提供を事実上余儀なくされることが多く、官公庁・裁判所の要請があれば法的義務の有無を問わず提供を認めることもあります）。

しかし、官公庁や裁判所に提供される情報は**必ずしも公開情報にはなりません**。例えば「開示者と受領者が協力して適切な手続を踏むことで、情報公開の対象から外す」（情報公開法5条2号ロ「行政機関の要請を受けて、公にしないとの条件で任意に提供されたものであって、法人等又は個人における通例として公にしないこととされているものその他の当該条件を付することが当該情報の性質、当時の状況等に照らして合理的であると認められるもの」参照）とか、閲覧制限（民訴法92条）を掛けることができる可能性があるためです。つまり、失敗事例のように、提供を義務づけられた（または提供を要請された）だけで秘密情報から外すと、まだ秘密である情報について**秘密保持義務を課せなくなり**、リスク管理上の問題が生じてしまうのです。

### ③秘密情報の例外ではなく秘密保持義務の例外とする

このような具体的シチュエーションを想定すると、官公庁や裁判所からの提出を求められた情報を秘密情報から外すのではなく、**秘密保持義務の例外とすべき**です。

つまり、提出自体は（秘密保持義務の例外条項を遵守している限り）契約上の義務に違反しないものの、秘密情報である訳ですから引き続き保護すべき義務が存続するというわけです。

## 3　その他の秘密保持条項に関する留意点

秘密保持契約を最初に学ぶことが多く、秘密保持条項は契約レビューのスタートラインといえますが、実は奥が深いです。その他の秘密保

持条項に関する留意点としては以下があります。

## ①秘密の定義

秘密について、すべてのアクセス可能な情報とするものから、営業秘密の定義に該当するものまで、広狭があります。その範囲を明らかにするため、「**秘密**」とラベルすることで秘密が何かを明示した上で、公開情報等を除外するという記載はよく見られます。そのような定義とする場合、開示するにあたり「秘密」とラベルを付さないと秘密として管理させられなくなることに留意が必要です。また、口頭で開示した場合に、追って何日か以内に書面や電磁的方法で「秘密」だと伝えることで、秘密に含めるという運用を認めるものもあります。

## ② AI

AI に学習されてしまう状況で AI に秘密情報が入ることは秘密保持義務違反と言える場合が多いでしょう。しかし、学習させない場合に秘密情報を AI に入れていいのかは必ずしも明確ではなく、「学習させずにセキュアな AI を利用するなら秘密保持義務に違反しない」という解釈の余地もあります。秘密情報を AI に入れさせたくないのであれば、**明示的に禁止する条項**を設けることも考えられるでしょう（ChatGPT と法律実務121頁以下）。

### こうすればよかった

甲弁護士は、具体的なシチュエーションを想定して、リスク管理に必要な情報を踏まえた秘密保持条項のレビューをすべきでした。

具体的には、失敗①については授受される秘密情報の質と量を確認すべきで、失敗②については、秘密情報の例外ではなく秘密保持義務の例外とすべきでした。

### これがゴールデンルールだ！

秘密保持条項は奥が深い。リスク管理の観点から情報を聞き取り、具体的シチュエーションに対応した秘密保持条項とする！

第2章　一般条項にまつわる失敗……51

# ❽ 生殺与奪の権を握られない

〈解除権〉 ∙∙∙∙∙∙∙∙∙∙∙∙∙∙∙∙∙∙∙∙∙∙∙∙∙∙∙∙∙∙∙∙∙∙∙∙∙∙▶

### 失敗事例 一方の意向で解除できる条項を見逃す

A社から業務委託契約のレビューの依頼がありました。この契約は、A社が受託者となり、準委任形式でサービスを提供するものです。最初はコストがかかるものの、その後コストを回収し、それ以上の利益が上がる見込みです。

甲弁護士は「相互に3ヶ月前の通知による無理由解除権を持つ」との条項を見て、準委任ならいつでも解除できるのが原則であるし、相互ということであればなおさら問題はないと考え、特に修正コメントをしませんでした。

すると後日、乙弁護士から当該箇所について「簡単に解除を認めてはならない」と指摘されました。

「民法の規定より有利だし、お互い対等な条項だし、どこに問題があるのだろう？」と甲弁護士は首をかしげています。

### 解説

## 1　失敗の原因

甲弁護士は、「民法より依頼者が有利で、対等性が確保されればいい」と考えました。

レビューでは、両当事者でどのような内容が合意されているかを明確にするという意味で、十分な条項が入っているかを確認すべきです。

そして、確かに民法の任意規定を参照点としてリスクを判断することで、何も参照点がない場合よりも検討しやすくなります。そこで、

筆者も雛形があれば雛形、雛形がなければ民法の任意規定と比較して検討することを勧めています（その他の一般的なレビューのポイントにつき、キャリアデザイン48頁）。

しかし、そのことは必ずしも「民法の任意規定と同様か、又はそれよりも依頼者に有利な内容なら OK」ということを意味しません。我々はどうすればリスク管理ができるかを考えているのですから、その観点から精査すべきです。

契約レビューの目的という観点からは、まさにリスク管理に資するよう、民法のルールを**変更するところに契約作成の意味**があります。裁判所に持ち込まれた場合に有利になる、つまり**裁判規範の観点**から、民法と異なる内容とすることに意味があることが多いのです。

もし、安易に「民法と同じか、それより依頼者が有利であればいい」とだけ考えてレビューしたのではリスク管理ができないどころか「契約レビューは AI にやらせればよい」となりかねません。

## 2　具体的なビジネスを踏まえたリスク管理

どうすればそのような浅い契約レビューを脱却できるのでしょうか。それは、本書で繰り返し述べてきたように、具体的なビジネスを踏まえたリスク管理の観点から必要な条項が規定されているか、及び、規定された各条項の内容を検討すれば良いのです。

本件において、依頼者は先行して投資をするようですから、もし、投資が回収される前に相手方から無理由の解除通知がなされた場合、その**投資が無駄**になります。

もちろん、３ヶ月の期間中に投資が回収できればいいですが、例えば投資回収期間が１年だとすれば、レビューする際は、せめてその１年が終わるまでは「解除は債務不履行解除に限定する」などとしなければ、リスク管理の役に立たないでしょう。

第 2 章　一般条項にまつわる失敗……53

■契約解除により投資が無駄になるリスク

投資・契約締結　　　　　　　　　　　　投資回収（１年後）

この１年間で無理由解除されるとＡ社が損をする

## 3　交渉上の選択肢

　なお、事例のような投資回収の実現のためには、いくつかの交渉上の選択肢があります。

### ①最低期間を定める

　例えば、**１年**は必ず契約を継続することを約する等です。

### ②投資回収前の解除に対する制約を設ける

「投資回収前には、債務不履行等がないと解除ができない」とする、「仮に債務不履行等がないのに投資回収前に解除するなら、その分、投資の未回収分を支払わせる」等の**解除に対する制約**を設けることが考えられます。

### ③継続契約法理に委ねる？

　詳しくは、加藤新太郎・松田典浩編集『裁判官が説く民事裁判実務の重要論点［契約編］』（第一法規、2017年）等を参照していただきたいですが、一定の例外的場合には継続契約法理が働き、特に特約を結んでいなくても契約継続への期待が保護されることはあります。

　しかし、失敗事例においてはそもそも３ヶ月前の通知での解除に同意している以上、３ヶ月前に通知されれば解除されるという程度しか契約継続への期待がなかったとみなされる可能性も十分にあり得ます。少なくとも予防法務という観点からは、継続契約法理に委ねることは適切ではありません。

## 4　行為規範の観点

　なお、上記１では裁判規範の観点からのレビューについて説明した

ところ、**行為規範**、つまり、取引を行う際の当事者における履行プロセスや、何かが生じた場合にどのように対応するか等を定め、それに沿った対応を行うことで、その契約に関するトラブルの芽を摘み、仮にトラブルが生じても小さなトラブルで終わるようにすることも重要です。

## こうすればよかった

甲弁護士としては、リスク管理という観点から、**投資回収前に一方的に解除されないような条項**を契約書に入れるための交渉を依頼者に促すべきでした。

もちろん、相手としてはフリーハンドで解除権を持っておきたいと考える可能性があり、「民法の原則上は自由に解除が認められるはずだ」等として議論となる可能性はあります。その場合には、完全に満足できる内容とはならず、ある程度リスクがあってもどこかで妥協すべき場合もあるでしょう。

しかし、いずれにしても、依頼者に対する必要十分なリスク管理の支援のためには、少なくともそのようなリスクと対応策を提示し、リスク管理のための対応ができるよう助言するべきです。

## これがゴールデンルールだ！

民法と同じ条項だと安心しない。リスク管理の観点から必要に応じて特約を定める！

第2章　一般条項にまつわる失敗……55

# ⑨ 網羅できないと心得る
〈バスケット条項〉・・・・・・・・・・・・・・・・・・・・・・・・・・・・・▶

### 失敗事例 解除権が限定されすぎ

> 甲弁護士は、Ａ社が売主となる売買契約のレビューを行っています。
>
> この契約書の解除条項では「相手方に債務不履行がある場合に30営業日前に催告することで解除できる」となっていました。
>
> 甲弁護士は「たしか、民法上も催告解除が原則だったな」と考え、特に修正しませんでしたが、それを見た乙弁護士から「今回は支払いまでに時間があって相手の信用状態が変化する可能性があるのだから、柔軟な解除条項が必要だ」とまた指摘を受けてしまいました。
>
> またしても解除条項で躓いてしまった甲弁護士は、悔しそうにしています。

### 解説

## 1 失敗の原因

本件では、極端に解除事由が限定されています。依頼者が解除をするには必ず相手方に債務不履行が必要で、かつ、30営業日前に催告を行うべきことになります。

依頼者としては、相手方がしっかりとした信頼できる会社だという部分が怪しくなれば、解除を希望するでしょう。しかし、この契約の解除条項には、そのような相手方との**信頼関係に関する事由**が含まれていません。

また、依頼者としては催告を行っても意味がない場合など、実務上**無催告で解除をしたい場合**もあるでしょう。仮に催告が必要としても、

相当期間とは、（履行期の履行がない場合を想定すると）既に履行期にあり、履行の準備ができていることを前提とした期間（谷口知平＝五十嵐清編集『新版注釈民法（13）債権（4）契約総則―521条～548条 補訂版』（有斐閣、2006年）825頁参照）ですので、具体的な状況にもよりますが、30営業日（暦日で約1ヶ月半）はかなり長い印象で、この点からもＡ社に不利な内容です。

　特に、解除条項は期限の利益喪失条項と結びついている可能性があり、解除に不合理な手間と時間がかかるのでは、早めに解除して期限の利益を喪失させ、債権を回収することができなくなります。

　本事例の失敗の原因は、甲弁護士がこれらの視点を忘れており、解除事由が極端に限定されてしまったことにあります。

## 2　解除事由に関する民法の規定

　民法では、催告の有無に応じて解除事由が定められており、催告解除事由と無催告解除事由はそれぞれ以下のとおりです。

■民法541条（催告による解除）

　当事者の一方がその債務を履行しない場合において、相手方が相当の期間を定めてその履行の催告をし、その期間内に履行がないときは、相手方は、契約の解除をすることができる。ただし、その期間を経過した時における債務の不履行がその契約及び取引上の社会通念に照らして軽微であるときは、この限りでない。

■民法542条（催告によらない解除）

　1　次に掲げる場合には、債権者は、前条の催告をすることなく、直ちに契約の解除をすることができる。
　一　債務の全部の履行が不能であるとき。
　二　債務者がその債務の全部の履行を拒絶する意思を明確に表示したとき。

第2章　一般条項にまつわる失敗……57

三　債務の一部の履行が不能である場合又は債務者がその債務
　　の一部の履行を拒絶する意思を明確に表示した場合におい
　　て、残存する部分のみでは契約をした目的を達することがで
　　きないとき。
　四　契約の性質又は当事者の意思表示により、特定の日時又は
　　一定の期間内に履行をしなければ契約をした目的を達するこ
　　とができない場合において、債務者が履行をしないでその時
　　期を経過したとき。
　五　前各号に掲げる場合のほか、債務者がその債務の履行をせ
　　ず、債権者が前条の催告をしても契約をした目的を達するの
　　に足りる履行がされる見込みがないことが明らかであるとき。
2　次に掲げる場合には、債権者は、前条の催告をすることなく、
　直ちに契約の一部の解除をすることができる。
　一　債務の一部の履行が不能であるとき。
　二　債務者がその債務の一部の履行を拒絶する意思を明確に表
　　示したとき。

　このように、民法の原則通りとする場合は、無催告解除事由がかな
り**限定されます**。

## 3　一般的な解除事由

　一般的な解除事由には、以下のものがあります。なお、以下の記載
においては阿部・井窪・片山法律事務所編『契約書作成の実務と書式
第2版　企業実務家視点の雛形とその解説』（有斐閣、2019年）539頁
も参照しています。

■一般的な解除事由

・契約違反
・営業許可の停止・取消等
・支払い停止、支払い不能、不渡り等

- 差押え、仮差押え、滞納処分等
- 破産手続開始、民事再生手続開始、会社更生手続開始、特別清算開始申立
- 解散等
- 資産又は信用状態に重大な変化が生じた場合

　例えば、売買契約における、買主に「資産又は信用状態に重大な変化が生じた場合」を根拠とする解除は、買主の**信用状況悪化リスク**に対応したもので、これにより売主としてリスク管理が可能となります。

## 4　解除事由の上乗せか、民法上の解除を否定するものか

　失敗事例のような形の解除条項であっても、「契約書に定められた解除事由は民法の解除事由に上乗せするものであり、例えば民法上の無催告解除要件を満たせば無催告解除ができる」という解釈自体はあり得ます。このような解釈が可能であるなら、失敗事例の解除条項であっても、Ａ社は少しは救われるでしょう。

　もっとも、民法の解除事由が狭いため、仮に民法の解除事由が利用可能と解釈できるとしても、例えば相手の「資産又は信用状態に重大な変化が生じた場合」において、解除できるかは直ちには明らかではありません。そのような解除条項ではリスク管理の役に立ちません。

　そして、そもそもそのような解釈にならない、すなわち「すべての解除事由が契約に書き込まれた」と解釈される可能性もあります。このように解釈されてしまうと、Ａ社の解除権は極端に限定され、非常に苦しい立場となります。

　そもそも債権回収の場においては時間が勝負で、いかに有利に交渉を進められるかが重要です。解除できるかが争われるだけで**ポジションは悪化**します。

## 5　すべての規定は難しいためバスケット条項の活用を！

　そうなると、いかに解除条項を適切にドラフト・レビューしてリス

クを管理するかが重要になってきますが、当然ながら、すべてのパターンを網羅することは容易ではありません。だからといって、「売主が解除を相当と認めた場合」のような条項では合意はなかなか難しいと思われます。やはり、様々な状況に対応できるようなある程度の柔軟性があり、かつ明確で、疑義が少ないことが必要です。

　このような観点からは、**バスケット条項**の活用が推奨されます。すなわち、まずは**具体的な解除事由を例示した上で、その他前各号に準ずる契約の継続を困難ならしめる事由を解除事由とする**のです。

　もし、何も例示なく、「契約の継続が困難なら解除」というだけの条項となれば、どのような場合に解除されるかが不明ですので、相手としても受け入れがたいでしょう。もっとも、前述のとおり具体的にすべての場合を網羅することはできず、リスク管理のためには何らかの抽象的条項も必要です。

　だからこそ例示をつけた上で「前各号に準じる」として、例示の内容に準じるようなもののみが解除に値すると明確化することは、**予測可能性とリスク管理を両立させる**良いプラクティスです（なお、阿部・井窪・片山前掲539頁も「その他、前各号に準じる事由が生じたとき」というバスケット条項を設けています）。

■**契約書に例示した解除事由以外はバスケット条項で対応する**

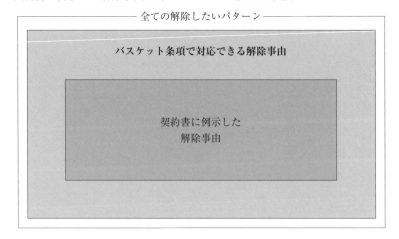

## こうすればよかった

　甲弁護士は、その案件の具体的な状況に鑑み、必要なリスク管理のための条項として、依頼者が適時に解除することができる条項を挿入するようアドバイスすべきでした。

　また、そのような適時の解除の実現のためには具体的解除事由に加え、抽象的な解除事由も入れたいところであり、いわゆるバスケット条項はそのようなリスク管理に利用可能です。

　なお、本件の場合には、例えば、「**前各号の事由に準じる、相手方の信用状況に鑑み売主が合理的に解除を相当と認めた場合**」のようなバスケット条項を提案することが考えられます。これに対し、買主から、「前各号の事由に準じる、客観的な状況から本契約の継続が困難であると合理的に認められる場合」のように、変更が提案される可能性はありますが、そのような交渉の中で、合理的な条項が合意されていきます。

## これがゴールデンルールだ！

　解除をして期限の利益を喪失させるべき場合に、直ちに解除することができない解除条項は回避する。バスケット条項を利用して適切なリスク管理を！

# ⑩ 永遠に縛られない

## 〈存続条項〉••••••••••••••••••••••••••••••••••••▶

### 失敗事例 無限の競業避止義務を見落とす

A社の業務提携契約書のレビューを行っている甲弁護士はその分量の多さに頭を抱えています。なんとかレビューを仕上げた甲弁護士ですが、あまりの分量の多さからか、競業避止条項が存続条項に含まれているのを見落としてしまっていました。このままではA社が無限の競業避止義務を負うことになってしまいます。

乙弁護士から「存続条項は重要だから慎重にレビューしなさい」と言われましたが、甲弁護士は「これも重要。あれも重要。結局、見落とした条項が重要条項だと言われるだけではないのか」と不満顔です。

### 解説

### 1　失敗の原因

存続条項の中には当たり前のことを定める条項もあります。例えば「契約が期間満了で終了しても、その時点で未払いの報酬債務は支払わなければならない」というのは、当たり前のことであり、仮に存続条項がなくても支払いを拒むことは難しいように思われます（とはいえ、「期間が満了して契約がなくなっているから払わない」という主張を避けるため、存続条項等で手当することが望ましいと考えます）。

とはいえ、場合によっては**存続条項が重要な権利義務を定める**こともあります。甲弁護士の失敗の原因は、そのような存続条項の恐ろしさを認識しておらず、これを見落としてしまったことに尽きます。

## 2 業務提携契約の競業避止条項には一定の合理性がある

　例えば、A社がこれまでに経験がない新規事業に参入するにあたり、その分野の既存企業B社と提携することはあり得ます。B社としては「前々から投資をしたかったが、資金不足でできないため、ジリ貧になりそうだ」という場合、A社から資金提供を受けて一緒に投資することが打開策になるかもしれません。また、A社の持つネットワーク等とのシナジーを期待しているのかもしれません。

　そのような提携・協議に伴い、契約条件が詰められます。適切なリスク管理のためには、どのようなビジネス上のアレンジがされるのか、ヒト・モノ・カネの観点から整理分析して把握すべきです。

　例えば相手方B社としては、A社に対して「このビジネスのノウハウを全て伝えるが、その前提は長期に渡り協業を継続することであり、短期で提携関係を終了し、後はA社がそのノウハウを利用して同じビジネスを行っていく、ということでは困る」という考えを持つことは理解可能です。つまり、このビジネスをこれまで継続し様々なノウハウ、人脈等を持つのはB社であって、協業のためA社にノウハウを提供するものの、A社がそのB社の「財産」たるノウハウだけを受領したら「契約は終わり」として提携関係を終了させ、引き続きA社自身で同じビジネスをした場合、B社にとっては単に「強大なライバルを登場させた」だけであってビジネス上の合理性はありません。よって、**B社は競業避止義務を入れたい**と考えるでしょう。

　もちろん、A社としても、営業の自由は確保したいことから、唯々諾々とどのような競業避止義務でも負っていいとするのではなく、**自社の負う義務の内容が合理的なものとなるよう交渉**することでしょう（例えば、B社のビジネスが順調でなく交渉力が低い場合、A社が「競業避止義務なしでなければ契約しない」と強く主張した結果、競業避止義務が入らない契約になることもあり得ます）。

## 3 契約終了後の存続

　存続条項とは、契約が解除・期間満了等で終了し、それによって原

第2章　一般条項にまつわる失敗……63

則として権利義務がなくなった後において、当事者の合意により、**特定の権利・義務が引き続き存続・継続する旨を定める条項**です。

　例えば、契約解除後に紛争になり、当該紛争を解決するため裁判をするときは裁判管轄条項が参照されます。ところが、裁判所管轄条項はその解除された契約書に置かれています。そこで生じ得る「元の契約が解除されて遡及的に無効になったのだから、管轄条項も無効となるのではないか」という疑義を解消するため、存続条項において**管轄条項が存続することを確認**することがよく見られます。

　秘密保持、知財、契約不適合、損害賠償、管轄条項等は頻繁に存続対象となります。なお、**存続条項そのものも存続対象**としましょう。

## 4　存続条項レビュー上の留意点

　存続条項レビューの際にはリスク管理の観点から、①存続対象が狭すぎないか、②広すぎないかを検討しましょう。

　①については、**依頼者として契約終了後も利用したい条項が網羅的**に存続条項に規定されているかを考えましょう。例えば、依頼者が商品を購入する側で、購入後、契約不適合責任を追及したいが、その時には契約は終了している等のシチュエーションを踏まえ、そのような場合においても適切に責任を追及できるかという観点に基づき、網羅性を確認しましょう（なお、契約不適合責任追及期間中は契約を存続させるという方法もあり得ますが、ここでは、検収が行われて代金が支払われたら契約は終了となるという状況を想定しています）。

　②については、例えば、秘密保持義務や競業避止義務が無限に存続するとされる場合等が想定されます。その事案の秘密保持義務の合理的な期間が契約終了後2年間であれば、無限ではなく、「2年」とすべきです（条項によっては期間を無限とすることもあるのですが、秘密保持や競業避止であれば限定することが多いと言えます）。

　限定する際の方法の一つは存続条項内で「○条は○年存続する」とするものです。もう一つは各条項に存続期間を記載した上で、存続条項においては「各条項に定められた期間存続する」とするものです。

なお、筆者は Word の分割機能を利用し、存続条項を上部又は（2画面の場合）左画面で固定した上で、下部又は（2画面の場合）右画面でほかの条項を上から見ながら存続対象とすべきか確認しています。

## 5　見落とした条項が重要条項なのか

　失敗事例で甲弁護士が持った「結局、見落とした条項が重要条項と言われるだけではないのか」という「不満」に触れましょう。

　そもそも「どうでもいい」条項であれば、その条項でどのような権利義務が合意されても「間違い」にならないので、仮に見落としがあっても結果的には依頼者のリスク管理に影響しません。

　これに対し、具体的事案において依頼者のリスク管理に影響する条項ならば、それは適切にドラフティング・レビューすべきです。

　「類型的に重要でないことが多い」などの理由で注意を払わなかった条項が、その事案では重要な権利義務を定めていたというのが**見落としの典型パターン**ですので、具体的なビジネス・取引を踏まえて（1章3（24頁）参照）検討ください！

### こうすればよかった

　甲弁護士は、依頼者のリスク管理という観点から存続条項の対象が過大または過小ではないかという問題意識に基づく検討を行うべきでした。そうすることで、競業避止義務を無限に追い続ける存続条項の定めを発見し、（確かにこの事案において一定範囲で競業避止義務を負うこと自体は合理的だとしても）その期間が長すぎて不合理であるとして、これを修正し、依頼者のリスク管理に貢献できたでしょう。

　前述した、Word の分割機能を利用したレビューも一つの手法です。

### これがゴールデンルールだ！

　一般条項は「ボイラープレート」だが、手抜きはしない。具体的事案に応じたレビューをする！

第2章　一般条項にまつわる失敗……65

第**3**章

売買契約にまつわる失敗

# ⑪「当たり前のこと」こそ明記
## 〈目的物と仕様〉 ‥‥‥‥‥‥‥‥‥‥‥‥‥‥▶

### 失敗事例 目的物と仕様にも目を配る

　A社がB社から商品を購入する売買契約のレビューを行う甲弁護士は、これまでの失敗から学んだ内容を生かし、各条項について一生懸命レビューを行いました。

　ただ、目的物と仕様の特定部分については「ビジネス上の問題で、弁護士の出る幕ではないだろう」と判断して特に気にせず、そのままにしてA社に返しました。

　ところが、契約締結後「納入された商品に契約不適合がある」としてA社とB社間でトラブルが発生しました。B社は「B社の標準仕様に基づき商品を納入した」として契約不適合を否定しています。

　A社からこの報告を受けた甲弁護士は、「A社が仕様の詳細をしっかり定めていなかったせいで……」とため息をつきました。

### 解説

### 1　失敗の原因

　買主として、納品されたものが不良品であれば、契約不適合責任を追及したいところです。だからこそ、何が良品で、何が不良品かの基準は重要な問題です。そして、その契約不適合の有無を判断する上で実務上極めて重要なのが**目的物とその仕様**です。甲弁護士の失敗の原因は、せっかく契約書をレビューしたのに、この点を確認しておらず、締結された契約書がこの点を特定できるようなものではなかったことです。

もし、目的物とその仕様を契約で明確に特定していれば、良品・不良品の基準は、引き渡された目的物がその仕様通りとなっているかに帰着します。よって、仕様と異なれば、それは契約不適合です。

　これに対し、目的物とその仕様が不明確であるとどうなるでしょうか。もちろん、目的物受領時（または受領後）に異議を申し立てて相手がその異議を受け入れれば結果オーライかもしれません。しかし、実務上、異議を出しても、「このような状態でも問題がない」等として異議に対して十分な対応をしてもらえないこともあります。

　このような交渉の際に依拠すべきものが**仕様**です。仕様はその目的物の「あるべき姿」を定めるものであり、それとの乖離を主張することで、**双方にとって明確な基準をベースに契約不適合を主張できるの**です。ところが、仕様上どのようにすべきかが明確でなかったとなれば、現実に引き渡されたものが「あるべき姿」と異なると主張することが困難となり、結果的に、「大きな問題があるにもかかわらず、契約不適合とはいえない」となる可能性はあります。

## 2　契約で定めていなければ、社会通念で決まる？

　目的物とその仕様が契約で明確に合意されていない場合、種類、品質又は数量に関して「契約の内容に適合しない」といえるかについては、**契約の目的**が重要な意味を持ちます。

　しかし、実務上、具体的な目的が明示されていないこともあります。そのような場合には、「その種類の物として通常有すべき品質・性能」という客観的基準が意味をもつとして、「通常有すべき」という判断においては、当事者の行う取引上の社会通念が考慮される、という見解があります（中田裕康著『契約法　新版』（有斐閣、2021年）304頁）。

　この見解に従えば、本件で契約の目的が不明確であれば、取引上の社会通念を考慮した「その種類の物として通常有すべき品質・性能」によって判断されることになります。

　とはいえ、失敗事例において、A社として特定の品質・性能が「当然に通常有すべきだろう」と考えていたとしても、B社としては「そ

第3章　売買契約にまつわる失敗……69

のような必要がなく、標準仕様にも含まれていない」と考えているからこそ、そうではないものを納品し、Ａ社が異議を出しても契約不適合がないと主張して、トラブルになった訳です。そこで、少なくとも当事者の行為を規律するという行為規範（2章8（52頁））として、明確に契約で目的物とその仕様を合意すべきでした。

また、裁判規範としても、裁判官は必ずしも当該取引上の社会通念を知っている訳ではないことから、仮にＡ社としては特定の内容が社会通念上「当然」に含まれるべきと考えていても、その根拠となる取引上の社会通念を立証できなければＡ社の期待する判断を得られない可能性も高いでしょう。

結局のところ、「目的物がこのような内容を持つべきことはあまりにも当たり前だから、当然に仕様になると考えていた」というのでは、現に異なる理解を相手方が持っている場合には**行為規範として通用しないだけではなく、裁判規範としてもなかなか通用しません**。特に買主側としては、その部分を明確に定めなかったことが大きく不利に働く可能性があることは十分に理解しておくべきでした。

## 3　弁護士の責任ではない？

ここで、本件の失敗の原因をよく考えてみると、**依頼者と弁護士の役割分担という観点**もあり得るでしょう。すなわち、弁護士はリスクについて助言はするものの、ビジネスの内容そのものは決定権限がなく、最終的にどのような仕様のどのような目的物とするかは依頼者が決めることです。そこで、確かに「弁護士は仕様の詳細に責任を負わない」と言うことはできます。

しかし、だからといって「ビジネスターム（ビジネス上の交渉によって別途合意されるべき条件）だ」と完全に突き放し、何もレビューしないというのは、弁護士としての役割を果たしたことになるのでしょうか。

基本的には、弁護士としては、そのリスク管理支援という役割を果たすべきです。そして、上記の通り、目的物と仕様が不明確であるこ

とがリスクを招くことから、レビューにおいてはその点を指摘し、双方が後で紛争を生じさせない程度に、明確に目的物と仕様を定めるべきことを指摘・助言すべきでしょう。

具体的には**仕様書、設計図の添付**が考えられます。また、一定の規格・基準があればそれを遵守することに合意することも1つの方法です。

このように、具体的方法においては様々なやり方があり得るものの、明確な目的物と仕様の決定を助言することが望ましいといえるでしょう。

### こうすればよかった

契約上、目的物と仕様を明確に合意するべきで、甲弁護士は依頼者にその点について注意喚起して合意を促すべきでした。

仕様書や設計図を添付したり、一定の規格・基準を遵守することで合意したりすることも考えられました。

### これがゴールデンルールだ！

ビジネスタームだと思い込んでリスク管理に向けた対応を何もしないのはNG。重要事項である目的物と仕様の可能な限りの特定に向けて、弁護士も汗をかくべし！

第3章　売買契約にまつわる失敗……71

# 「別途合意」に逃げない
〈検収条件〉

### 失敗事例 別途合意のまま1年経過

> 甲弁護士は、A社がB社に商品を販売する売買契約のレビューを任されました。この契約では検収条項において、検収が支払いのトリガーとなるところ、検収方法は別途合意と規定されていました。
> 「別途当事者が納得して定める検収方法で検収するなら、特に問題はない」と、甲弁護士は気にせずレビューを終え、A社に送付しました。
> しかし、A社が納品した後、B社は「検収方法が合意されていないから、まだ検収はできない」「検収方法に合意してほしければ、試運転後、量産に支障がないと確認された場合だ」と主張し、A社とB社間でトラブルになってしまいました。
> A社はB社に言われるがままになり、結局、検収までに予定を大幅に超えた期間がかかり、支払いも1年近く遅れることとなりました。

### 解説

#### 1 失敗の原因

甲弁護士が想定したとおり、実務では「別途合意」という条項に基づき、例えば検収条件について当事者双方が納得して、適切な内容に合意することはあり得ます。その意味で、結果的にリスクが発現せず終わることもあります。

しかし、失敗事例のようにリスクが発現することもあるわけであり、これまでリスクが発現しなかったとしてもそれはいわば「結果オーライ」に過ぎません。

今回甲弁護士が失敗してしまった理由は、「**適時に合理的な内容の合意に至るだろう**」という思い込みがあったからです。その結果、合意できないリスクや、「検収基準が合意されるまで検収しない/できない」「検収が行われないので支払いができない」などと主張されるリスクへの注意を払うことができていませんでした。

## 2　別途合意が実務上頻繁に見られるわけとそのリスク

　実務上「ある日（例えば期末）までに契約を締結したい」という意向が存在する案件は決して珍しくありません。そして、そのような場合において、交渉力の格差があるなら、「期日優先」のために契約内容を修正せず受け入れることはあり得ます（1章4（30頁））。

　これに対し、「別途合意」が用いられやすいのは、双方に**ある程度の交渉力がある場合**です。つまり早期に契約はしたいものの相手の提案する条項そのままは飲めないという場合に、その条項について「別途合意」、いわば「**後回し**」にすることがあるのです。

　しかし、このような合意方法をとると、契約した後に「残課題」をどうするか、別途検討が必要となります。残念ながら実務上よく見られるのは、いわばモメンタム（勢い）が存在する契約締結前は双方真剣に検討するものの、契約が締結された途端にどちらも検討しなくなるパターンです。そうすると、残課題そのものは残っている以上、「別途合意」は単なる「**臭い物に蓋**」をしただけで、いざトラブルになると合意していないことによるリスクが顕在化してしまうのです。

## 3　別途合意が有効な場合とは

　「別途合意」は必ずしも負の側面だけではありません。現時点で合意してしまうと問題のある内容を押し付けられてしまうという場合、別途協議のほうがまだリスク管理に資するとして、あえて「玉虫色」で別途協議の解決を図ることもあります。もし、その後でじっくり交渉することで、少なくとも当初の提案よりも良い内容で合意することができれば、まさに別途合意が有効だったと言えるでしょう。

第3章　売買契約にまつわる失敗……73

しかし、よく考えてみれば、**現在交渉力があまり大きくはないから
こそ**、そのような、問題ある条項を押し付けられそうな状況に陥って
いる訳です。その交渉力の低さが改善する見込みがないのであれば、
「別途協議したところで果たしてより良い条項に合意できるのか」と
いう問題があります。

結局のところ、「別途合意」を有効に用いられるかは、契約締結時
点においては「別途合意」とした点について、合意ができておらず今
後どうなるかわからないというリスクをカバーできる程度に、今後交
渉力が向上する等して、**依頼者に有利な内容の合意ができる見込みが
あるかどうか**によるでしょう。

## 4 別途協議条項を入れる際の工夫

単に「別途定める」という条項を定めることでは、「契約交渉が終
わっており、後は契約履行のフェーズに入るだけ」という誤解を生じ
させることもあります。

このような問題に対する対応としては、**二段階で契約を結ぶことも**
考えられます。つまり、第一段階の契約として既に合意できている事
項について定めた上で、残課題が何かを明示し、この残課題について
特定の期間で合意できるよう協議すること、当該期間中に協議がまと
まらない場合の対応等を定めた上で、可及的速やかに当該残課題につ
いて協議して合意し、残課題全ての合意事項をまとめた第二段階の契
約を締結するということです。

完全に契約を二段階にできなくても、少なくとも、どのようなスケ
ジュールで残課題に対応するか、残課題が予定通りこなせない場合ど
うするか等について、**契約締結前に確認し、リスクを最小化**すべきです。

## 5 よりリスキーな「別途相手が定める」

別途協議と似ているものの「別途相手が定める」ではリスクがさら
に増大します。すなわち、相手が好きに定めることができることから、
当該条項については、ある意味で相手に「**白紙委任**」をするに等しい

74

ものです。

　このような条件が合理的である場面としては、例えば、相手の事業所で業務を実施する場合に、当該事業所の建物の管理規則を相手が定め、これを遵守するといったものですが、この場合には既に管理規則の内容が決まっていることが多いので、依頼者には、契約締結前に管理規則を入手して、内容を確認するようアドバイスすべきでしょう。

## 6　条件の合意を拒否すれば永久に検収を拒否できるのか

　なお、裁判規範という意味では、「検収条件を別途協議により合意する」とした場合、相手方（B社）が検収条件の合意を拒否すれば永久に検収を拒否できるのかというと、そのようには理解されず、仕様通りの製品を納入する限り、相手方（B社）はこれを**検収すべきと解されます**（その場合には、仕様書が検収条件となると解されることが多いでしょう）。

　とはいえ、これを相手方が認めない場合には、裁判所に行くか、相手の要求する内容を飲むかの二択となり、弱い立場に置かれる可能性があります。その意味で、少なくとも、検収条件を別途協議により合意することは**行為規範においてリスクが大きい**点に留意が必要です。

### こうすればよかった

　検収条件について契約書に検収書を添付する、仕様書を元に検収する等、契約締結時に合意するようアドバイスすべきでした。

　まだ協議が必要な事項が残っているのであれば、当該事項に合意してから契約を締結するか、二段階契約等、確実に残課題について協議・合意がなされるような対応をすべきとアドバイスすべきでしょう。

### ✺　これがゴールデンルールだ！

**暗闇に飛び込まない。別途合意が求められた場合、合意の必要性と合意できない場合のリスクを依頼者に説明する！**

第3章　売買契約にまつわる失敗……75

# ⓭ 最悪の事態を想定する
## 〈契約不適合責任〉 ‥‥‥‥‥‥‥‥‥‥‥‥‥‥‥▶

### 失敗事例 売主にリコール費用を請求できない

　　甲弁護士は、Ａ社が買主になるＢ社との売買契約のレビューに取り組んでいます。甲弁護士は、契約不適合責任の条項において、「不適合品について交換・修補する」という条項があったのを、「交換・修補してもらえるならいいか」と考えて修正しませんでした。

　　後に、Ａ社が購入した商品に重大な欠陥があり、大規模なリコールが発生したものの、Ｂ社は契約不適合条項を盾に「交換・修補はするが、損害賠償は責任の範囲ではない」と主張し、Ａ社はリコール費用を請求できませんでした。

　　この事態を知って責任を痛感する甲弁護士でした。

### 解説

### 1　失敗の原因

　契約不適合責任は、売買契約において問題となる典型的な責任です。そして、契約不適合責任の内容として、民法は、追完・代金減額・損害賠償・解除を定めています。

　しかし、実務では、例えば「修補・交換はするので損害賠償を払いたくない」などという売主の思いから、一定範囲でその**責任を限定するような交渉が生じる**ことがあり得ます。また、何らかの限定が行われること自体は合理的な場合もあるでしょう。

　このように、一定程度民法と異なる条項となること自体はあり得るものの、その条項のレビューの際には、リスク管理の視点を入れるべ

76

きです。すなわち、買主側であれば、「その限定が不当にリスクを大きなものとしていないか」「将来の状況を想像して、様々な問題が発生した場合に、買主にとって十分な救済を求められるのか」等を考えてレビューすべきです。この想像力が欠如していたことが甲弁護士の失敗の原因です。

## 2　責任限定についての具体的な交渉例

具体的状況に応じて変わりますが、例えば、売主としては「**きちんと修補か交換をするから、それ以外の責任は免除してくれ**」と交渉することが考えられます。

買主側の対応として、そもそも責任を免除しない、つまり「**民法の原則どおりの責任を負ってもらう**」と主張することもあり得ます。

これに対し、一定の限定自体に同意する場合においても、例えば「修補・交換では解消されない損害が生じた場合には賠償をしてもらう」「（修補品・交換品の）逸失利益の請求はしないが、リコール等アウト・オブ・ポケットで払うことになった費用の賠償はしてもらう」「売主に故意や重過失があれば民法の原則に戻り全責任を負ってもらう」等、その限定があっても「もしものとき」に買主にとって十分な救済を求められるような条項となるよう、交渉をすべきです。

## 3　契約不適合責任の期間

なお、契約不適合責任の期間について付言しておきましょう。民法566条は、契約不適合責任の追及のため「買主がその不適合を知った時から一年以内」の通知を求めます。

■民法566条

売主が種類又は品質に関して契約の内容に適合しない目的物を買主に引き渡した場合において、買主がその不適合を知った時から一年以内にその旨を売主に通知しないときは、買主は、その不適合を理由として、履行の追完の請求、代金の減額の請求、損害

賠償の請求及び契約の解除をすることができない。ただし、売主が引渡しの時にその不適合を知り、又は重大な過失によって知らなかったときは、この限りでない。

　要するに、引き渡しを行った以上、義務を履行した旨の**一定の期待**が売主に生じるため、責任を負う期間が一定期間へと制限されるというものです。

　とはいえ、「買主がその不適合を知った時から一年以内」というのは、特にそれが顕在化しておらず（旧法の「隠れた瑕疵」の場合）、買主が当該不適合をなかなか見つけられない場合においては、この期間は比較的長くなります。その意味では、売主としては「**民法の規定よりも短くしたい**」と考えることが多いでしょう。

　なお、商法526条2項は「前項に規定する場合において、買主は、同項の規定による検査により売買の目的物が種類、品質又は数量に関して契約の内容に適合しないことを発見したときは、直ちに売主に対してその旨の通知を発しなければ、その不適合を理由とする履行の追完の請求、代金の減額の請求、損害賠償の請求及び契約の解除をすることができない。売買の目的物が種類又は品質に関して契約の内容に適合しないことを直ちに発見することができない場合において、買主が六箇月以内にその不適合を発見したときも、同様とする」と定めます。民法や商法の規定を踏まえた交渉の結果、（「不適合を知った時」からではなく）引き渡しや検収から**1年**で合意するとか**半年**で合意するといった例は実務上よく見られます。

## 4　リコール条項・PL条項等

　なお、特に消費者向け製品やその部品・材料等に関する売買契約を締結する場合において、（当該製品の欠陥により、または当該部品・材料等の欠陥により）欠陥のある製品を買主が販売してしまうと、買主は、法律上の義務があるため又は社会的責任を果たす上で事実上必要であるため、多額の費用をかけてリコールし、商品を回収等するこ

とがあります。そこで、そのような事態に備えてリコール条項等を設けて、**売主のリコールへの協力や費用の負担**等について明記することがありえます。

　少しでもリコールの可能性があるのであれば、リコールリスクに対応したこのような条項を設けることが望ましいでしょう。

　また、PL（product liability）条項として、当該製品についての製造物責任に関する条項を設けることがあります。PL責任は製造物責任法に基づく欠陥（同法2条2項）が存在する場合、つまり通常有すべき安全性を欠く場合に発生するのであって、単なる契約不適合があるだけでは発生しません。とはいえ、そのような安全性を欠くような場合には、例えばエンドユーザー（最終的な利用者。例えば消費者）の生命・身体・健康等に重大な悪影響を与える可能性があります。

　そこで、そのような可能性を見越して、できるだけ**PL条項を設けるべき**です。なお、PL条項を設けることに加えて、例えば**指示警告**がしっかりされているかを確認する等、契約条項以外の対応も併せてリスク管理をしましょう（1章1（13頁）も参照）。

### こうすればよかった

　甲弁護士としては、「最悪リコールになるかもしれない。そうすると回収費用、コールセンター開設費用その他の様々な費用が発生する可能性があり、その負担についても契約時点で合意すべきだ」と思い至るべきでした。このような観点から、将来の状況を想像して十分な救済を定めることで、リスクを管理できればよかったのです。

### ✺ これがゴールデンルールだ！

　「想定外」を減らそう。将来を見越してリスクを管理できる契約不適合条項とする！

第3章　売買契約にまつわる失敗……79

# ⑭ 最新改正に気づく

〈保証条項〉 ・・・・・・・・・・・・・・・・・・・・・・・・▶

## 失敗事例 実質は根保証であることに気づけず

　　甲弁護士は、Ａ社が売主となるＢ社との売買基本契約のレビューを行っています。

　　この事案では、Ａ社の売掛金が回収できるよう、同契約に基づく売掛金債務について、個人Ｃが保証人としてついています。

　　甲弁護士は「保証人がついて、書面による契約で保証意思を明らかにしているから問題ない」と考えました。

　　しかし、実際にＢ社が売掛債権を払えなくなり、保証人Ｃに支払いを請求したところ、Ｃの代理人弁護士は、「この契約の保証条項は個人根保証であるにもかかわらず極度額も確定期間も定められてない」として支払いを拒みました。

　　甲弁護士は「『根保証』とは契約のどこにも書いてなかったじゃないか」と納得がいきません。

## 解説

### 1　失敗の原因

　2020年4月施行の改正民法により、個人根保証については様々な規律が入り、かなり厳しくなった（保証人となる個人が保護されるようになった）ことはよく知られています。

　甲弁護士も、そのような改正があったことそのものは知っていたようです。ところが、このような改正が適用される事案であることに気づかなかったようです。

すなわち、一定の範囲に属する不特定の債務(民法465条の2第1項)を保証するならそれは**根保証契約**なのであり、本件でもまさにこの売買基本契約という一定の範囲に属する（実際にどのような発注があるかによって内容が変化する）不特定の債務を保証している訳です。したがって、これは根保証契約であり、Ｃが個人である以上これは**個人根保証契約**です。

しかし甲弁護士は、契約に「根保証」という文言が入っていないことから、注意を要する根保証であると判断できず、その結果、依頼者のリスク管理に役立たないレビューをしてしまい、現にそのリスクが発現してしまいました。

## 2　個人根保証に関する民法の規定の概観

元々、主債務に貸金等債務（金銭の貸渡しや手形の割引を受けることによって負担する債務）が含まれる根保証契約については厳しいルールが存在しました。

そして、2020年4月からは、それ以外の、例えば本件のような、売買契約に基づく債務等、貸金等債務以外の根保証に関するルールが改正され、より厳しい（個人の保証人を保護する）ルールとなりました。

すなわち、そもそも極度額（上限額）を定めない個人の根保証は**無効**となりました（民法465条の2第2項「個人根保証契約は、前項に規定する極度額を定めなければ、その効力を生じない」）。そして元本確定日は**5年以内**と約定しなければならず（同法465条の3第1項）、約定がなければ**3年**で元本が確定します（同法465条の3第2項）。

その他、事業と関係が薄い人が事業用融資の保証人になる場合の公証人による意思確認の手続き（同法465条の6以下）等の改正もありますが、ここでは詳述しません。

## 3　実質に気づくために

本質に立ち入った深い正確な理解をしていれば、どのような文言が表面上立ち現れたとしても、その実質的な意味を把握して、正確に契

約をレビューすることができます。

このような「正論」を述べても、読者の中には「本質を理解するのはなかなか容易でない」とおっしゃる方もいるかもしれません。筆者は、「**それが具体的な契約条項の文言に落とし込まれるとどうなるか**」を意識するようにと助言しています。

つまり、何か新しい事項を学ぶ際に、抽象的、理論的な話ももちろん大事ですが、「**真に理解した」と言えるのはそれを具体的な事案に落とし込める場合のみ**です。つまり、いくら基本書を読み込んだところで、目の前の契約書のレビューに活かせなければ、実務家としては勉強した意味がなかった、と言わざるを得ないでしょう。

だからこそ、具体的な事案、例えば具体的な契約文言に引き直して、その事項は具体的にはどのような契約文言として立ち現れ、リスク管理のためにはどのような文言へと修正すべきなのかを学ぶことが有益なのです。

■**具体的な事案に落とし込んで理解する**

> 根保証契約
> ＝一定の範囲に属する不特定の債務を主たる債務とする保証契約
>
> 例えば、売買基本契約における売掛金債務の保証
> ↓
> その基本契約の範囲で発生する債務が保証の対象だが、実際にどのような発注があるかによって保証対象となる売掛金債務の内容が変化する
> ↓
> 一定の範囲に属する不特定の債務を保証している
> ↓
> 売買基本契約における売掛金債務の保証は「根保証契約」であることから、極度額等を定めなければならない

## 4　法改正への対応

　法改正は頻繁に行われます。このような頻繁な法改正にどのように対応すべきでしょうか。

　実務にとって影響の大きい法令は、改正前から様々な報道があります。この段階で必ずしも法制審議会等の報告書や要綱を読み込む必要はないものの、アンテナを張ることで、少なくとも、改正の存在に気づかないという状況は避けましょう。

　いざ法令が改正された場合、もちろん**新旧対照表**を読み込むのが理想的ですが、最低限**ポンチ絵**といわれる、官僚がまとめた、所轄官庁のサイトにアップロードされる改正内容の一覧の PDF を見て概要を把握すべきです。

　なお、重要な改正であれば、改正法セミナーや雑誌記事、実務書等が刊行されるはずですので、これらを利用することも望ましいでしょう。

### こうすればよかった

　甲弁護士としては、そもそも法改正について学ぶ際に、どのような条項としてこの個人根保証が立ち現れるかを意識して学んだ上で、個人根保証の条項だと気づくべきでした。

### これがゴールデンルールだ！

　予想と違った文言だという言い訳はできない。形式に惑わされず、本質を見抜く！

# ⑮ 続くからこそ「基本」契約

## 〈基本契約の審査〉 ┈┈┈┈┈┈┈┈┈┈┈┈▶

### 失敗事例 将来リスキーな取引が待ち受けていた

　甲弁護士は、Ａ社から依頼され、Ｂ社から提示された売買基本契約の
レビューを行っています。

　Ａ社からは「非常に安価で、あまりリスクのない商品の売買に関する
ものである」と言われており、また、「契約締結を急いでいる」とも言
われていました。

　そこで、甲弁護士は「色々な条項に問題はあるが、契約を急ぎたいと
いうことなので、適用される取引が安価でリスクの低いものなのであれ
ば、リスクを取ることもあり得るのではないか」とリスク告知をし、結局、
契約は修正なしで締結されました。

　その後、この取引は円滑に進みましたが、この基本契約に基づき行わ
れた別の取引において、大きなトラブルに巻き込まれてしまいました。
契約にはＡ社に不利な条項しかなく、Ａ社は泣き寝入りするしかありま
せんでした。

　「そのようなリスクの高い取引が行われるなんて知らなかった」と青
ざめながら言い訳をするのが精一杯の甲弁護士でした。

### 解説

### 1　失敗の原因

　甲弁護士は、「ほぼリスクのない小さな取引に使われる予定だ」と
いうことで、「そうであれば、多少契約の文言が不利であっても、リ
スクは少ない」と考え、その旨をリスク告知し、依頼者においてリス

クを取るという判断をしました。

　もし、それが単発の取引であれば、そのようなリスク判断は合理的である場合も多いでしょう。しかし、本件は**基本契約**が問題となっています。基本契約であれば、その契約が目の前の取引以外の他の取引**にも今後引き続き適用される**のです。

　そして、実際に今回はよりリスクの大きい別の取引に利用され、リスクが発現してしまいました。この点へのケアが不足していたのが、甲弁護士の失敗の原因です。

　基本契約については、責任制限についての2章6（44頁）や、個人根保証についての3章14（80頁）等で触れてきました。ここでは、基本契約に関する基本的な留意点を解説しましょう。

## 2　単発取引と継続取引

　企業が取引を行う場合、ある取引先と単発で取引することもありますが、同一の類型の取引、例えば売買を大量かつ継続的に行うこともよく見られます。そして、そのような場合には、毎回契約書を作成するのではなく、一度だけ基本契約を締結し、その基本契約に基づき取引を行うこともよく見られます。

　単発取引であれ継続取引であれ個々の取引において留意すべき点はあまり変わりません。しかし、継続取引の場合には「目の前で想定されている取引以外」の案件にも当該継続取引に関する契約（基本契約等）が適用されることに留意すべきでしょう。

　すなわち、目の前の取引のリスクが少なければ、それが単発取引である限り、「リスクを取る」判断がリスク管理上合理的であることは十分にあり得るでしょう。

　しかし、目の前の取引がいくらリスクが少ないものであっても、それが継続的取引を前提としていれば、リスク管理においてはその取引だけを考えればいいのではなく、**今後よりリスクの高い取引に当該契約が用いられる可能性**を踏まえて考えるべきです。

## 3 リスク管理の方法

では、このような場合のリスク管理としてどのような対応が考えられるでしょうか。

まずは、**想定される最もリスクが大きい取引**（例えば、より高額な商品の売買）や、商品の種類が変わってより大きなトラブル（例えばリコール（3章13（76頁））が発生する可能性があるといった場合）が発生しても対応できるような、より包括的で、様々なリスクへの対応が可能な条項にすることでリスクを管理するということが考えられます。

次に、そもそも目の前の取引に対応した契約を早く締結したいのであれば、基本契約書を作成するのではなく、まずは**単発の売買契約書を作成するという方法**もあり得るでしょう。その後も同様の取引が行われる場合には別途基本契約の交渉をすればよいのです（キャリアデザイン3-4頁）。

## 4 先例リスクにならないように釘を刺す

本件では、別のリスクも潜んでいます。すなわち、目の前の契約のリスクが少ないから単発契約としてあえてそのリスクを取る、つまり自社に不利な条項を飲むという場合に、**今後の交渉において、それが先例になるリスク**があります。

例えば、今後B社が同じ契約類型だがもっとリスクの大きい取引を持ちかけてきた場合には当初の契約を単発の契約としている以上、改めて契約交渉が発生するところ、「既に前にこのような条項で合意しているので、この条項で今回も合意すべきだ」などという形で交渉してくる可能性があります。

そのような可能性を踏まえ、もし目の前の契約がリスクが少ないと判断して自社に不利な条項を飲むのであれば「**あくまでもこの目の前の契約について特別に不利な条項を飲むにすぎず、今後同様の契約が締結される場合には、契約条件について別途交渉すべきである**」と「釘」を刺すことが望ましいといえます。

## こうすればよかった

　甲弁護士は、Ａ社に対し、将来の様々な取引に対応したリスクを管理できる条項とするか、または、単発売買契約に変えるかを提案すべきでした。

　なお、単発売買契約としてリスクを取る場合、「あくまでもこの目の前の契約について特別に不利な条項を飲むにすぎず、今後同様の契約が締結される場合には、契約条件について別途交渉すべきである」と「釘」を刺すことが望ましいでしょう。

## これがゴールデンルールだ！

**目の前の案件だけでなく、先を見越したリスク管理をしよう！**

第**4**章

業務委託契約にまつわる失敗

## ⑯ 特掲を忘れない

### 〈知財の移転〉 ⋯⋯⋯⋯⋯⋯⋯⋯⋯⋯⋯⋯⋯⋯⋯▶

### 失敗事例 全てなのに全てじゃない？

A社が委託者になるB社との業務委託契約のレビューを行う甲弁護士は、「A社が著作権の全ての譲渡を受ける」という記述について、A社に有利だと考えて何も修正しませんでした。

すると、後になってB社が、「著作権法27条・28条の特掲がないので、両条の権利は譲渡されていない」と主張してきました。

甲弁護士は「『全て』と書いているとわかって合意しているのに、『全てではない』と言うのは不誠実だ」とB社の主張に怒り心頭です。

### 解説

### 1 失敗の原因

甲弁護士の失敗の原因は、著作権法の基本的な理解を怠り、また理解していないと自覚していたのであれば調査を怠り、**著作権法61条2項の特掲**を意識しなかったことにあります。

少なくとも契約レビューに深く関わる知財に関するルールについては、契約レビューを行う以上、いわゆる知財弁護士でなくても、どのように契約書に反映すべきかを把握しておくべきです。

そのような観点から、甲弁護士は、著作権法の基本的な理解に欠けていたと言わざるを得ません。

### 2 著作権法と特掲

著作権は複製権、公衆送信権等の多数の支分権の束でできており、

90

（まとめて譲渡することもできますが）それぞれをバラバラに譲渡することができます。例えば、「複製権はこの会社に」「公衆送信権はインターネットに強いこの会社に」といった形の譲渡が可能です。

　問題は、著作権法27条と28条であり、27条は翻案権等、元の作品を改変することに関する権利について定めており、28条は二次的著作物（著作権法2条1項11号によれば「著作物を翻訳し、編曲し、若しくは変形し、又は脚色し、映画化し、その他翻案することにより創作した著作物」）に関する原著作物の著作者の権利を定めます。

　例えば、甲がXという小説を作成した場合において、乙がXを漫画にするのは翻案になることが多いところ、このことを甲が乙に許諾していなければ、乙の行為は27条の翻案権侵害となります。また、漫画版Xについては、28条に基づき甲は乙と同一種類の権利を専有します。

　問題はこのような各支分権の譲渡の場面であり、著作権法61条2項は「著作権を譲渡する契約において、第27条又は第28条に規定する権利が譲渡の目的として特掲されていないときは、これらの権利は、譲渡した者に留保されたものと推定する」と定めています。要するに、**譲渡合意時に27条・28条の権利をも譲渡する旨を特に掲示**しないと、（複製権や公衆送信権等の他の権利は譲渡されているとしても）27・28条の権利は譲渡されないと推定されてしまいます。

　A社とB社の間の業務委託契約において、著作権法27条・28条の権利をも譲渡するとの特掲がないのであれば、著作権法27条・28条の権利は**B社に留保されたと推定されてしまう**のです。

　このような規定となっている理由については「27条および28条の権利は著作者が有する原著作物の利用権とは別個の形態の利用権であり、著作物の利用範囲を大幅に広げる可能性があるため、著作権の譲渡にあたり改めて著作者または著作権者の意思を確かめる必要があるとしたため」とされています（半田正夫・松田政行編『著作権法コンメンタール2［第2版］26条〜88条』（勁草書房、2015年）751頁）。

　また、文化庁「文化審議会著作権分科会報告書」（平成18年1月）128頁では、（本条の背景には）第1に、著作権の譲渡は、著作物を原

作のまま利用する権利の譲渡を内容としていても、それに付随して例えば小説を映画化したり翻訳したりするといった、二次的著作物を作成したり利用したりすることについての権利までが移転することは、一般的に予定していないという判断と、第2に、具体的な二次的著作物の作成・利用が予定されていないにもかかわらず、二次的著作物の作成・利用する権利が著作者から移転することは著作者保護に欠けるという前提があったからであるとされています。

## 3　推定は覆せるから大丈夫？

「推定」が「みなし」と異なるという点は事実です。つまり、ある状態とみなす（例えば、著作権法27条と28条の権利が留保されるとみなされる）のであれば、反対の立証は許されません。そこで、後から「両当事者は著作権法27条と28条の権利を含む全ての権利を譲渡することに合意していた」と主張する余地すらなくなります。

　しかし、著作権法61条2項はあくまでも「推定」に過ぎず、実際に譲渡が合意されたことを立証すれば推定を覆すことができます（半田他前掲753-754頁）。現に、キャラクターの作成に係る契約書において、「著作権等一切の権利が帰属する」とだけ記載されており、本条2項の特掲があったと認められないが、契約書の別紙である仕様書において、キャラクターの立体使用の予定が明記されていることなどを総合考慮すると、立体物を作成する翻案権は、譲渡されたものと認めるのが相当であり、同項の推定を覆すべき事情があるとされた事例があります（大阪地判平成23年3月31日判時2167号81頁〔ひこにゃん〕、その紹介として、小泉直樹等『条解著作権法』（2023年、弘文堂）629頁）。

　もっとも、本件のように、B社が「著作権法27条と28条の権利は譲渡していない」と現に主張して、これらの権利も含めて譲渡されたと主張するA社との間にトラブルになっている状況において、譲渡が合意されたことをどのように立証すべきかは難しい問題です。

　例えば、その後の改変が予定されていたこと自体を示せても、B社に「**その改変が実際にされることが確定し、その内容が明確になった**

段階で、別途、翻案に関するライセンスについて協議するつもりであった」などと主張されると、なかなか困ってしまいます。

　もちろんトラブルにならない事案もあるものの、このように仮にトラブルになった場合に**推定を覆すのは大変面倒**であり、トラブル予防のためにも、そしてトラブルにまで発展した場合の裁判外での早期解決のためにも、実務上は著作権法27条と28条の権利を特掲すべきです。

## 4　著作権に関するその他の留意点

　著作権については、**著作者人格権不行使特約**にも留意ください。

　つまり、著作権法は著作（財産）権と著作者人格権を規定しているところ、ここまでご説明した議論は著作（財産）権に関する議論になります。そして、著作者人格権はこれと異なり、あくまでも人格権ですので、第三者に譲渡することはできません（著作権法59条）。

　そうすると、Ａ社が著作（財産）権の全て（著作権法27条と28条の権利を含む）の譲渡を受けるという場合において、例えば翻案権を行使して著作物を改変しようとした場合、著作者人格権である同一性保持権（同法20条）を行使されてしまうと、結局のところ改変したいという目的が実現できなくなりかねません。

　だからこそ、著作権自体を譲渡する条項に加え、**著作者が同一性保持権を行使しない旨を別途合意することでリスクを管理**する必要があります。

### こうすればよかった

　甲弁護士は著作権法61条２項に従い、著作権法27条と28条を特掲すべきでした。「著作権全て（著作権法第27条及び第28条に定める権利を含む）」を譲渡の対象とするなどという規定方法が考えられます。

### これがゴールデンルールだ！

**知財弁護士でなくても契約審査に必要な著作権法を理解する！**

第４章　業務委託契約にまつわる失敗……93

# ⑰ 委託先を見張る
## 〈個人情報保護法25条〉 ⋯⋯⋯⋯⋯⋯⋯⋯⋯⋯⋯⋯▶

### 失敗事例 「データ分析」の含意を確かめない

　甲弁護士は、Ａ社が委託元となる業務委託契約のレビューを行っています。

　この業務委託契約では、Ａ社はＢ社にデータの分析を委託しますが、その際に分析対象データとしてＡ社がＢ社に一定のデータを渡すことになります。

　甲弁護士が契約書を見たところ、Ｂ社による一般的な報告義務やＡ社の指示に従う義務に関する条項はありましたが、個人データの取扱いに関する監督について条項はありませんでした。

　甲弁護士は「単なるデータ分析だし大丈夫だろう」と特に問題はないものと判断しましたが、ピアレビューをした乙弁護士から、「授受されるものに個人データが含まれるか確認し、含まれるなら監督に関する条項を入れるように」と指摘されました。

　甲弁護士は「これは単なるデータ分析に関する契約で、個人データの取扱いに関する契約ではないはずなのに、なぜ？」とよくわからない様子です。

### 解説

### 1　失敗の原因

　「これは個人データに関する業務委託です」と言われていれば流石に甲弁護士も「個人情報保護法が問題となるのではないか」と気づくことができたでしょう。

しかし、今回は単なるデータ分析ということで、特に個人データが関係するかは明示されていませんでした。

　そこで、契約条項を検討の上、甲弁護士は特に問題はないと判断したのですが、乙弁護士から個人データが関係するのか確認するよう指摘を受けてしまいました。

　データ分析というようなざっくりとした案件においては、個人データが含まれるかもしれないし、または含まれないかもしれません。そして、仮に授受される情報に個人データが含まれるのであれば、**個人情報保護法に基づく監督が求められる可能性**があります。甲弁護士はこの点に配慮することができていませんでした。

## 2　委託先監督に関する個人情報保護法の規定

　個人情報保護法27条は個人データの（国内における）**第三者提供**について、以下のいずれかの根拠に基づき正当化することを求めます。

■個人データの（国内の）第三者提供の正当化根拠

| |
|---|
| ・同意（個人情報保護法27条1項柱書）<br>・法令等（同条1項各号）<br>・オプトアウト（同条2項）<br>・委託（同条5項1号）<br>・事業承継（同条5項2号）<br>・共同利用（同条5項3号） |

　例えば、A社がB社にデータ分析の対象として個人データを含むデータを提供するのであれば、それは個人データの第三者提供ですので、何らかの整理をして正当化することが必要です。

　失敗事例のような業務委託であれば「個人情報取扱事業者が利用目的の達成に必要な範囲内において個人データの取扱いの全部又は一部を委託することに伴って当該個人データが提供される場合」（同法27条5項1号）として同意なく第三者提供ができる可能性があります。

とはいえ、委託の場合には、**監督義務**（同法25条「個人情報取扱事業者は、個人データの取扱いの全部又は一部を委託する場合は、その取扱いを委託された個人データの安全管理が図られるよう、委託を受けた者に対する必要かつ適切な監督を行わなければならない」）が発生します。つまりＡ社はＢ社を監督しなければなりません。

したがって、一般にはＡ社は、適切な内容の**個人データの取扱委託覚書**をＢ社との間で締結するか、業務委託契約に**個人データの適正な取扱に関する条項**を設けた上で、当該条項に基づき現に監督をして、Ｂ社における取扱状況を把握し、必要な対応をすることが求められます。

■Ａ社がＢ社にデータ分析のために個人データを含むデータを提供する場合

---

Ａ社とＢ社間の契約は個人データの第三者提供に当たる
↓
個人情報保護法27条をクリアした第三者提供を行う必要がある
↓
「委託」スキームであれば第三者提供が可能（同法27条５項１号）
↓
「委託」の場合にＡ社に監督義務が生じる（同法25条）
↓
Ａ社はＢ社を監督するべく必要な対応をとる

［具体例］
　・適切な個人データの取扱委託覚書の締結、又は、業務委託契約上に個人データの適正な取扱に関する条項を設ける
　・これらの条項に基づきＢ社の取扱状況を把握
　・Ｂ社の取扱状況に応じた適切な対応を講じる

等

## 3 個人情報か個人データか

なお、若干細かい話をすると、「個人情報委託覚書」という言葉が確かに人口に膾炙はしているものの、この表現は正確ではありません。以下、ご説明します。

まず、個人情報保護法のキーとなる概念に個人情報、個人データ及び保有個人データがあります。

**■個人情報保護法のキーとなる概念**

①個人情報
②個人データ
③保有個人データ

### ①個人情報

個人情報は個人情報保護法2条1項1号（伝統的個人情報）・2号（個人識別符合）のいずれにおいても、「特定の個人を識別することができる」ことを核心的概念とするもので、名刺はもちろん、個人を識別さえできれば、例えば顔写真等も個人情報です。

### ②個人データ

個人情報がデータベース化されておらず、その予定もないという場合において、その個人情報をどこまで保護する必要があるでしょうか。

このような保護の必要性の観点から、個人情報保護法の規律は一部個人情報に関するものもありますが、大部分は個人データに関するものです（2024年施行の改正につき次頁参照）。

個人データは**データベース化された個人情報**（特定の個人情報を検索することができるように体系的に構成されたデータベースを構成する個人情報）です。主に電子的データベースが挙げられますが、例えば名刺をデータ化して五十音順で並べる場合もその名刺の情報は個人データです。

第4章 業務委託契約にまつわる失敗……97

■個人データの例

データベース化した個人情報

五十音順に並び替えた名刺

③保有個人データ

　個人データのうち、例えばB社がA社から預かった情報は、A社の情報であり、勝手に開示や訂正をすることはできません。保有個人データはこのようなものを除いた個人データであり、**開示・訂正等の権利の対象**となります。

④規律の対象は「個人データ」の第三者提供

　このような個人情報に関する制度を前提に、個人情報保護法27条は**「個人データ」の第三者提供のみを規律**していることから、個人情報の第三者提供は同法の規律の対象となっていません。また、同法25条の委託に関する規律も「個人データ」に関する規律です。このように、「個人データ」に関する規律であるため、もしそれが同法25条の監督義務を果たすためのものであれば、「個人情報委託覚書」という言葉は正確ではないのです。

　なお、個人情報保護法施行規則と「個人情報の保護に関する法律についてのガイドライン（通則編）」の改正により2024年4月から個人データでなくても、個人データにする予定の個人情報については安全管理、漏洩報告等に関する義務が課されるようになりました。

### こうすればよかった

　甲弁護士は「データ」の授受が発生するということから、どのような種類のデータなのかと想像力を働かせ、そこに**個人データが含まれるのではないかという観点**で検討し、依頼者のリスク管理に貢献すべきでした。

　具体的には、適切な個人データ取扱委託覚書をB社との間で締結す

るか、業務委託契約上に個人データの適正な取扱に関する条項を設けた上で、当該条項に基づき現に監督をして、Ｂ社における取扱状況を把握し、必要な対応をすることなどが考えられます。

### ★ これがゴールデンルールだ！

個人情報リスクに気づく。個人情報保護法を学んで依頼者のリスク管理を支援する！

# ⑱ 実践されなければ意味がない

## 〈偽装請負回避条項〉 ・・・・・・・・・・・・・・・・・・・・・▶

### 失敗事例 契約条項が守られない

> 甲弁護士はＡ社から依頼のあった、業務委託（受託者Ｂ社の作業員が
> Ａ社の事業所内で作業を行う）契約のレビューを行っています。
>
> 甲弁護士は「偽装請負」と言われないよう、Ｂ社がＡ社に管理者を通
> 知し、両者は当該管理者を通じて業務上の連絡を取り合い、Ａ社はＢ社
> の作業者に直接連絡しない等を条項において適切に定め、「これでリス
> ク管理はバッチリだ」とレビューを完成させました。
>
> ところが、Ｂ社の作業者から労基署に通報があり、Ａ社は労基署から
> 「Ａ社の担当者がＢ社の作業者に直接指示をしており、これは偽装請負
> にあたる」との指摘を受けてしまいました。
>
> それを聞いた甲弁護士は、「せっかく丁寧にレビューしてリスク管理
> をしてあげたのに、その契約を守らないなんて」と不満そうです。

### 解説

### 1 失敗の原因

本件においては、確かに契約を守れなかったＡ社が悪いという側面
も否定できません。しかし、そもそも契約は行為規範として当事者の
行動を規律していくことが期待される（2章8（52頁））ということ
を考えると、その契約の内容を双方が理解し、契約が締結され、**履行
初日から遵守することを確保する**にはどうすればいいのかも同様に重
要です。

甲弁護士は実効性の確保の観点を入れることができていませんでした。

## 2　偽装請負

労働者派遣事業と請負により行われる事業との区分に関する基準（https://www.mhlw.go.jp/content/000780136.pdf）では、業務の遂行方法について、労働者派遣か請負かという区別基準を定めています。

すなわち、以下の図のとおり、B社が作業員をA社で働かせる場合において、それが労働者派遣の場合には、A社が作業員に直接指揮命令をします。これに対し、請負（準委任でも同じです）の場合には、あくまでもB社の上司が作業員に対して指示するのであって、雇用関係等にないA社（の従業員）は指揮命令をしてはなりません。

ところが、契約形態が請負・準委任のはずなのに、**A社がB社の作業員に直接指揮命令をするのが偽装請負**です。つまり、労働者派遣でなければ不可能な行為を、請負・準委任で行ってしまうことが**違法な偽装請負**となるのです。

■労働者派遣・請負・偽装請負の違い

①労働者派遣

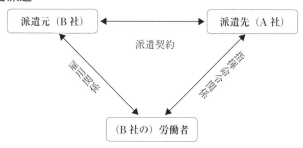

②請負

第4章　業務委託契約にまつわる失敗……101

③偽装請負

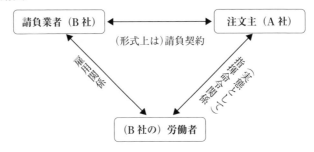

　なお、労働者派遣事業と請負により行われる事業との区分に関する基準の具体化のため、疑義応答集（https://www.mhlw.go.jp/bunya/koyou/gigi_outou01.html）が公表されており、例えば、A社の従業員はB社の作業員と挨拶や雑談等の業務に関係のない日常的会話さえしてはならないのか等の具体的疑問に対する回答が示されています（なお、疑義応答集第1集Q1によれば業務に関係のない日常的会話を行っても指揮命令ではないので偽装請負ではないとされています）。

## 3　偽装請負対応条項

　偽装請負になることを回避するため、多くの業務委託契約書には**偽装請負対応条項**が入ります。結局のところ、なぜ偽装請負になるかといえば、それは本来行っていけない指揮命令をA社（委託者）が行ってしまうからです。

　そして、なぜ指揮命令をしてしまうかというと、業務委託契約に伴う様々な連絡（例えば、システム開発であれば仕様に関する連絡等）を委託者が受託者に行いたいところ、その連絡をA社（委託者）の担当者が受託者（B社）の作業員に対して直接行ってしまい、そのような**コミュニケーションが指揮命令とみなされることが実務上多い**と思われます。

　そこで、偽装請負対応条項として要旨以下のような内容の条項を入れることが考えられます。

・受託者（B社）は、受託者の役職員の中から管理者と作業者（業務従事者等とも呼ばれる）を選定する
・受託者（B社）こそが作業者の雇用者としての義務を果たし、作業者に対する指示、労務管理、安全衛生管理等に関する指揮命令は、受託者（B社）（の管理者）が行う
・委託者（A社）として受託者（B社）に対して連絡事項がある場合には、受託者の選定した管理者宛に行うものとし、作業者に対して直接の指揮命令等をしてはならない

## 4　実態を適法とする方法

　3のような偽装請負対応条項が遵守されるのであれば、偽装請負予防に一定以上の効果を持ちます。しかし、偽装請負の判断は、契約において綺麗な偽装請負対応条項が存在するかではなく、**どのような実態か**によって行われます。契約書には綺麗な条項が設けられていても実態として現にA社の従業員がB社の従業員に対して指揮命令をしていたのであれば、もはや「偽装請負ではない」と言い逃れることはできません。それでは、どのように実態が契約と合致するようにすればよいのでしょうか。

　まずは**A社内部において何をしていいかを周知**することが重要です。A社の特定の部門の事業所にB社の作業員が来るのであれば、当該部門の従業員に対してやっていいこと、いけないことを伝える必要があります。その方法としては朝礼等での口頭の説明、書面・メール・ビジネスチャット等を通じた通達が考えられます。

　これに加えて、「委託先・請負業者の従業員とのコミュニケーションマニュアル」のような形で**マニュアル化**して、どの部門に委託先・請負業者の従業員がやってきても、マニュアルに基づき適切に対応できるようにするという方法も考えられます。

　さらに、会社に対する偽装請負を理由とするペナルティを避けるため、例えば、内規として、委託先・請負業者の従業員とのコミュニケーションのルールを定め、これに違反した場合には必要に応じて**懲戒処**

分等を行うこともあると警告することも考えられます。

このほか、研修の実施やQ＆Aの回答（最近はAIチャットボットで回答することもあります）等、様々な方法でやっていいこと、いけないことを伝え、実態を適法にしていくべきです。この努力を怠れば、いくら綺麗な偽装請負対応条項を設けても意味がありません。

実態が偽装請負対応条項と異なったものとなるというリスクをどのように排除するかという観点も、リスク管理の上では重要なのです。

## 5　アジャイル開発と偽装請負

前出の疑義応答集第3集はシステム開発（5章22（126頁））に関するものです。システム開発の中でも最近注目される手法として、**アジャイル開発**と呼ばれるものがあります。

アジャイル開発とは単一の開発手法を指す名称ではなく、「アジャイル宣言」の提示する4つの価値と12の原則を満たす開発手法を総称するものであり、不確実なビジネス環境の中で変化するニーズへの迅速な対応を目的とした開発手法と要約されます（システム開発法務477頁）。比較的有名なアジャイル開発の手法はスクラムで、IPA（独立行政法人　情報処理推進機構）はスクラムを前提としたアジャイル開発の契約雛形を公表しています（https://www.ipa.go.jp/digital/model/agile20200331.html）。

そして、筆者も作成委員の一人として雛形作成に関与したのですが、その際に問題となったのが、まさに偽装請負との関係でした。それは、**アジャイル開発は、受託者と委託者が緊密にコミュニケーションしながらシステム開発を進める**ためです。

しかし、（それが本物のアジャイルである限り）アジャイル開発におけるそのようなコミュニケーションは対等な関係に基づくもので、業務上の指示ではありません。

そこで、疑義応答集第3集では、このようなアジャイル開発における通常のコミュニケーションをもって**偽装請負とはならない**旨が**明確化**されています。よって、アジャイル開発を安心して行うことができ

るようになりました。

## こうすればよかった

　甲弁護士は、リスク管理という観点から、単にテンプレート的に綺麗な文言の偽装請負対応条項を入れて満足するのではなく、実態がこれに対応したものになるような周知、マニュアル化、内規化、研修等の方法を提案し、実態と契約によって偽装請負リスクを管理することに貢献すべきでした。

## ✳ これがゴールデンルールだ！

　条項を設けるだけではなく、実効性にも気を配る！

第4章　業務委託契約にまつわる失敗……105

# ⑲ 下請法に注意
## 〈下請法・フリーランス保護法〉 ‥‥‥‥‥▶

### 失敗事例 「依頼者に有利ならいい」と思い込む

> 甲弁護士は、Ａ社が委託者になるＢ社との業務委託契約の審査について任されました。
>
> 甲弁護士は、支払時期が納品の３ヶ月後であるなど、各条項がＡ社にとても有利であるため、これであればＡ社のリスクは管理できるとして、問題がないと判断しました。
>
> ところが、Ｂ社から公正取引委員会に通報があり、Ａ社は公正取引委員会から「Ａ社・Ｂ社間の取引は下請法の適用要件を満たすところ、納品の３ヶ月後に支払うのは下請法違反」だとの指摘を受けてしまいました。
>
> それを聞いた甲弁護士は、「せっかく発注してくれたＡ社を裏切るなんて」とＢ社に怒り心頭です。

### 解説

## 1 失敗の原因

　甲弁護士は、契約内容が依頼者に有利であれば依頼者のリスクが管理できていると思い込んでいたようです。例えば、支払いが先延ばしできるという内容は、委託者であるＡ社にとって有利です。ただ、そのような条項を設けることが**強行法規で禁止される可能性**には、注意が向けられていませんでした。

　実際には、Ａ社とＢ社の間の契約には下請法が適用され、その結果として、その「有利」な契約の内容は強行法規である**下請法によって禁止**されており、公正取引委員会から指導を受けることになりました。

甲弁護士はこのような強行法規の内容に留意していなかったがために本当の意味でのリスク管理への貢献ができませんでした。

## 2　下請法の概要

　ここでは、下請法について、キャリアデザイン91頁以下および「下請取引適正化推進講習会テキスト（令和5年11月バージョン。https://www.jftc.go.jp/houdou/panfu_files/shitauketext.pdf）を参照しながら簡単に説明しましょう。

①**目的**

　下請法は下請け取引を公正なものとして、下請事業者の利益を保護するためのものです（同法1条）。B社のような下請事業者はA社のような親事業者と比べて交渉力が低いため、不当な条件を飲ませられ、**不公正な取引が生じる可能性**があります。

　そこで、下請法が強行法規として、書面作成義務等の**義務**や受領拒否の禁止等の**禁止事項**を設けたのです。

②**適用対象**

　以下の各種の取引に該当し、**資本金**に関する各要件を満たす場合に下請法が適用されます。

■下請法の適用対象となる取引

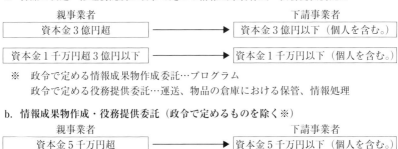

※前掲テキスト2頁より抜粋

③**義務**

親事業者の主な義務としては、書面の**交付義務**（同法3条）、書類等の**作成・保存義務**（同法5条）があります。

契約内容が口頭で合意されると、交渉力の弱い下請事業者は、後で「言った・言わない」となることで不利な立場に陥る可能性があり、一定の事項を書面で定めるべきとされます。

そして、受領した日から起算して、**60日**の期間内において、かつ、できる限り短い期間内において、代金支払期日を定めなければならず（同法2条の2）、支払いが遅延すれば遅延利息も支払わなければなりません（同法4条の2）。

④**禁止事項**

以下の11項目の禁止事項があります。

■**下請法が禁止する11項目の行為**

| |
|---|
| ア　受領拒否の禁止（4条1項1号） |
| イ　下請代金の支払遅延の禁止（4条1項2号） |
| ウ　下請代金の減額の禁止（4条1項3号） |
| エ　返品の禁止（4条1項4号） |
| オ　買いたたきの禁止（4条1項5号） |
| カ　購入・利用強制の禁止（4条1項6号） |
| キ　報復措置の禁止（4条1項7号） |
| ク　有償支給原材料等の対価の早期決済の禁止（4条2項1号） |
| ケ　割引困難な手形の交付の禁止（4条2項2号） |
| コ　不当な経済上の利益の提供要請の禁止（4条2項3号） |
| サ　不当な給付内容の変更・やり直しの禁止（4条2項4号） |

## 3　フリーランス保護法

下請法に類似する新法である、フリーランス保護法（特定受託事業者に係る取引の適正化に関する法律）が2024年11月1日に施行されます。フリーランス保護法は、フリーランスを推進するという観点から、

フリーランスが安定的に業務に従事できる環境を整備しようとして策定されたものであって、**下請法類似の規律**と**労働法類似の規律**を有します。

①**下請法類似の規律**

　フリーランス保護法には例えば以下のような、下請法類似の規律があります。


・フリーランスに対し業務委託をした場合は、特定受託事業者の給付の内容、報酬の額等を書面又は電磁的方法により明示しなければならない（3条）。
・フリーランスの給付を受領した日から60日以内の報酬支払期日を設定し、支払わなければならない（4条。再委託の場合には、発注元から支払いを受ける期日から30日以内）。
・フリーランスとの業務委託（政令で定める期間以上のもの）に関し、下記ア〜キの行為をしてはならず、カ・キの行為によってフリーランスの利益を不当に害してはならない（5条）。


■フリーランス保護法上の禁止行為

---

ア　フリーランスの責めに帰すべき事由なく受領を拒否すること（5条1項1号）

イ　フリーランスの責めに帰すべき事由なく報酬を減額すること（5条1項2号）

ウ　フリーランスの責めに帰すべき事由なく返品を行うこと（5条1項3号）

エ　通常相場に比べ著しく低い報酬の額を不当に定めること（5条1項4号）

オ　正当な理由なく自己の指定する物の購入・役務の利用を強制すること（5条1項5号）

カ　自己のために金銭、役務その他の経済上の利益を提供させること（5条2項1号）

---

第4章　業務委託契約にまつわる失敗……109

> キ　フリーランスの責めに帰すべき事由なく内容を変更させ、又
> 　はやり直させること（5条2項2号）

## ②労働法類似の規律

　また、フリーランス保護法には例えば以下のような、労働法類似の規律があります。

・広告等により募集情報を提供するときは、虚偽の表示等をしてはならず、正確かつ最新の内容に保たなければならない（12条）。

・フリーランスが育児介護等と両立して業務委託（政令で定める期間以上のもの。以下「継続的業務委託」という）に係る業務を行えるよう、申出に応じて必要な配慮をしなければならない（13条）。

・フリーランスに対するハラスメント行為に係る相談対応等、必要な体制整備等の措置を講じなければならないものとする（14条）。

・継続的業務委託を中途解除する場合等には、原則として、中途解除日等の30日前までにフリーランスに対し予告しなければならないものとする（16条）。

## ③実務対応のポイント

　下請法は上記のとおり資本金要件があり、かつ、問題となる取引が物品の製造・修理委託、情報成果物作成・役務提供委託である場合に適用されます。その定義に入らなければ、下請法の適用対象ではありません。

　しかし、フリーランス保護法は、例えば従業員を雇っていない弁護士との取引等、これまで下請法の対象とならないとして、いわば「気にしていなかった」取引を含め、**かなり広い範囲で網が掛けられています**（2条1項各号）。

　そこで、筆者は**「相手が個人か、法人なりした企業か」**という観点で広めにリストアップし、「こういう理由で除外される」という説明ができないならば、このような取引先については、**原則としてフリーランス保護法の対象と考えて対応すべき**だと考えています。

## こうすればよかった

甲弁護士は下請法のリスクを踏まえ、**下請法の適用対象であるかを確認**すべきでした。

例えば、A社とB社の資本金を確認する、委託する業務の内容が物品の製造・修理委託、情報成果物作成・役務提供委託に該当するかを確認するといった対応をすべきでした。

その上で、下請法の適用対象であれば、下請法の義務を果たしているか、例えば、支払い期間等は適切か、禁止行為に該当する行為が契約上可能となっていないか等を確認し、是正すべきでした。

また、今後は弁護士としてフリーランス保護法の適用にも留意すべきです。

## ✦ これがゴールデンルールだ！

「依頼者側が有利だったらいい」と思い込むなかれ。下請法、フリーランス保護法のリスクに目を配る！

# ⑳ 明確な基準に基づき確認する

〈仕様の確認と完了確認条項〉 ⋯⋯⋯⋯⋯⋯⋯ ▶

## 失敗事例 コンサルティングの内容を定めない

　甲弁護士は、Ａ社が受託者となるＢ社との業務委託契約のレビューを行っています。

　業務内容はコンサルティングのみとなっているところ、甲弁護士は「詳細は当事者で随時協議しながらコンサルティング業務を進めるのだろう」と考え、特に修正しませんでした。

　また、準委任ということなので、「検収等の条項は不要」だと考えました。

　すると後日、チェックを行った乙弁護士から「コンサルティングの詳細を特定するように」「検収条項に準じる完了確認条項を入れるように」と指摘されました。

　甲弁護士は「コンサルティングの内容なんてケースバイケースで契約時に特定できないし、準委任なのだから検収のような条項は不要なはずでは……？」と疑問符を浮かべています。

## 解説

### 1　失敗の原因

#### ①仕様の詳細を定めない

　甲弁護士が売買契約の失敗の教訓を生かせず（3章11（68頁））、業務仕様の詳細を定めなかったことが1つ目の失敗の原因です。

　確かに、仕様が明確になっていなければ、業務の進め方に裁量があって良さそうです。

112

しかし、**委託者B社との認識合わせ**という点では危険があります。例えば、委託者B社として「高いお金を払っているのだからこのくらいのことはやってもらえるだろう」と考え、A社としては「普通より値引きしているのだから文句を言うな」と考えていれば、トラブルが生じることはむしろ必然です。業務仕様が不明確なら、B社はできるだけ**業務範囲が広く、業務の質も高いものが求められる**と主張するでしょう。これに対し、A社はできるだけ**業務範囲が狭く、また業務の質も低いもので足りる**と主張するでしょう。

　その際にB社が依拠するのは善管注意義務違反です（民法656条、644条）。確かに、業務仕様が明らかになったとしても、業務の遂行方法について細かいところまで全てを書き切ることはできません。そのため、いくら仕様を明確にしたところで、なお、B社から「本来善良な管理者の注意義務を尽くせばこのような遂行方法にはならないはず」と指摘される可能性自体は残ります。

　しかし、業務仕様が詳細に決まっていれば、「この業務もあの業務も合意通り履行した」などと説明することで、実務的には善管注意義務違反の主張に対して**適切な反論をしやすくする効果**があります。

## ②**検収条項を定めない**

　請負においては、検収が行われるのが実務です。検収というのは注文者が検査を行い、成果物として問題がないとして受け入れることをいいます。

　そして、準委任においては、少なくとも請負のような成果物の完成を目的とするという性質がない以上、検収を行わないことが多いとはいえます。しかし、だからといって、**委託業務の完了確認**を疎かにしてはいけません。業務が完了したかどうかの紛争をできるだけ回避すべきことは、請負型だけではなく準委任型でも同様です。すなわち、実務上は「（個別契約上の、又は、毎月の）業務が完了したら、請求書を出して報酬を支払う」などという合意は頻繁に見られるところ、実務上は**当該業務が完了したかについて紛争になることが多い**のです。

　そこで、委託者が受託者の業務の完了を確認する、**完了確認条項**を

入れることが望ましいといえます。

甲弁護士の失敗の原因は、この完了確認の重要性を認識していなかったことです。

## 2　仕様の特定の重要性
### ①善管注意義務の怖さ

業務委託契約には、民法上の準委任（同法656条）として合意する準委任型と民法上の請負（同法632条）として合意する請負型があります。準委任型の特徴は**善管注意義務**です（同法656条、644条）。

請負の場合には**完成義務**（同法632条）があり、完成しなければ原則として債務不履行となり、完成した目的物が引き渡されないと原則として報酬を得られない（同法633条）のがポイントです。

それに比べると準委任型の場合には仕事を完成しなくても良い（少なくとも仕事が完成しないというだけでただちに債務不履行にならない）というのは楽なように見えるかもしれません。

しかし、実際には、その過程において善管注意義務を遵守して事務（準委任であれば法律事務以外の事務）を遂行する必要があります。そして、「善良な管理者の注意」というものが何かについてはあまり**明確な基準が存在しません**。

そこで、トラブルになった場合はB社から、「善管注意義務違反だからトラブルになったのだ」と指摘される恐れがあり、その場合に、A社として、「これをやっているから善管注意義務を尽くした」と説明してB社を説得しなければなりませんし、裁判外で解決しなければ、裁判所を説得すべきことになります。

現に問題が発生した場合、本来は「業務遂行過程に善管注意義務違反あった」と委託元が主張できて初めて善管注意義務違反が成立するはずです。しかし、**実務上は委託元が強い立場にいることが多い**といえます。そこで、そのような委託元が、「**問題が発生した以上、きっと何か受託者において善管注意義務違反があったはずだ**」などと主張することもよく見られます。その結果として、弱い立場にある受託者

114

が無理な対応を強要されることがあります。

　だからこそ、上記のように業務仕様を詳細に定め、「**当該仕様どおりに業務を遂行した**」と主張することで、問題が受託者の善管注意義務違反によるものではなく、例えば「そもそも受託者が受託している範囲を超える（そのような業務は受託範囲にない）」などと説明できるようにすべきです。

### ②提案書による仕様の特定

　このような業務仕様について、契約書の別紙に規定することも見られますが、実務上は**提案書**において特定することがよく見られます。すなわち、多くの場合には受託者が何らかの提案をした上で、提案を受けた委託者がこれを承認して契約が締結される訳です。そこで、受託者としては、その提案書にできるだけ詳細に業務仕様を明記し契約書においても、**提案書記載の内容こそが行うべき業務の仕様だという旨を明確に合意**すべきです。

　もっとも、提案書が更新されることもありますので、最低限その**バージョンの特定**が必要です。バージョンが特定されないと、どのバージョンが合意された業務仕様か争いになることがあります。

　なお、提案書そのものを契約書の別紙として添付することで、バージョンの争いをなくすという方法もあり、検討に値します。

### ③役割分担の特定

　業務仕様の一部を構成する場合もありますが、それと異なるものとして合意されることもある重要な事項に「役割分担の明確化」があります。もちろん、ほとんどの役割が受託者側にあって、後はどのような業務をどのような深度で行うかだけというような事案もあるでしょう。

　しかし、例えばシステム開発のような**委託者の役割も大きい場合**（5章22（126頁））には、委託者がやるべきことを行わないがために、予定どおりに進捗しないとか成果物に問題が生じるといった場合もよく見られますので、役割分担を特定すべきです。システム開発と役割分担については、相手の役割の肩代わり等の応用問題を含め、システム

開発法務99頁以下に詳述しています。

## 3　完了確認の重要性

### ①完了確認と検収の相違

　完了確認も検収も、委託者Bが受託者Aの仕事の履行状況を確認して、それに対し問題がないとして受け入れるかどうかという意味では共通しています。

　しかし、**検収**はあくまでも成果物又は仕事が、（少なくとも許容できないような不具合なく）完成していることを確認する手続であるところ、**完了確認**は、（もちろん成果物があれば成果物も確認の対象となるのでしょうが）受託者の業務遂行に善管注意義務違反や業務仕様（4章19（106頁））違反がないかを確認するものです。

　これは、請負型と準委任型の相違（2①参照）に対応したものです。

### ②完了確認の実務

　完了確認条項としては、受託者が委託者に対して、報告書（及び成果物がある場合には成果物）を提出して完了確認を求め、**受託者は一定の完了確認期間内に完了を確認**する（期間経過までに異議を述べなければみなし確認とされる）というものがよく見られます。

　実務上、特にトラブルがない場合には、例えば1枚ペラの報告書で、「この作業員が何月何日に何時間働いた」などという簡単な報告がなされ、それに対して委託者が承認するということも見られます。

　これに対し、詳細な業務遂行状況が報告されたり、受託者の提出した報告書に基づいて、委託者が業務の詳細を報告させることもあります。この完了確認手続を実際にどのような手続とするかについても、契約締結段階で明確に合意すべきです。

　なお、検収と同様に、特定の期間内に異議がなければ完了確認がされたとみなすという「**みなし確認**」の条項を設けることで、完了確認もされず、異議も出されないといういわば宙ぶらりんの状態の発生を回避すべきです。

③準委任なのに「契約不適合!?」

　なお、上記はあくまでも法律の建前どおりに実務が動くことを前提としています。

　実際には成果物のある準委任の場合、準委任型であるにもかかわらず検収や契約不適合責任を求める委託者も存在します。この意味は、受託者として、**成果物完成義務と善管注意義務の双方を負う**という、ある意味では受託者にとって準委任型と請負型の「悪いところ取り」に等しい結果にもなりかねませんが、実務上は交渉力の観点からやむなくこれを呑む場合もないではありません。その場合には、弁護士として**リスク告知**（1章4（30頁））を行うべきです。

### こうすればよかった

　甲弁護士は仕様が不明確であり、完了確認条項がないことのリスクを指摘し、依頼者のリスク管理に貢献すべきでした。

　例えば、**仕様書を別紙として添付**すること等で仕様を明確にすることが考えられます。なお、提案書に業務仕様が記載されていれば、このバージョンを特定して参照する等の方法で業務仕様を明記することができました。

　また、報告書の提出と特定の確認期間内の**完了確認**（当該期間に異議がなければ**みなし確認**）という内容で合意すべきでした。

### ※ これがゴールデンルールだ！

　仕様の不明確性と完了確認のリスクを見過ごすな。仕様の明確化と完了確認を行い、トラブルを減らす！

第4章　業務委託契約にまつわる失敗……117

第**5**章

IT 契約にまつわる失敗

# ㉑ クラウド時代に対応する

〈クラウド契約〉 ・・・・・・・・・・・・・・・・・・・・・・・・・ ▶

## 失敗事例 クラウド契約への理解が足りず……

甲弁護士はＡ社から依頼のあった、Ａ社がＢ社にリソース（計算資源、データ保存容量等）を提供するクラウドサービスに関する契約のレビューを行っています。

なお、甲弁護士はレビューを依頼された際、Ａ社から「これはＢ社の雛形なので変更不可能です」と言われていました。

Ｂ社の雛形では、本件契約が請負であることが合意され、成果物の納入が求められていました。

甲弁護士は、「クラウドもある意味でサービス提供を請け負うようなもので、その上、雛形が変更不可能ならこのような定めもやむを得ない」と考えました。

後日、乙弁護士が甲弁護士の後にレビューを行い、「請負契約のようだけれども、クラウドの場合の成果物は何になるのだろうか？ 毎月の（従量課金の）請求書のこと？」と甲弁護士に質問しました。

「そ、それは……」

甲弁護士は口ごもり、答えることができません。

「クラウド契約のことをよく理解できていないようだね」

「はい……」

クラウド契約についての不勉強を反省する甲弁護士でした。

**解説**

## 1 失敗の原因

　甲弁護士の失敗の原因は、クラウドサービス契約の特徴を理解していなかったことにあります。

　そもそも、クラウドサービスを請負（民法632条）、つまり仕事の完成をベンダ（サービス提供者）の義務とし、それに対し顧客企業が報酬を払うと**みなすのはかなり難しい**ところです。

　つまり、クラウドサービスにも様々なものがありますが、計算資源やデータ保存容量等のリソースの提供についていうと、例えば、あるタイミングにおいては、特定の計算資源等を利用して、Ｂ社の指示する処理（例えばＢ社のHPサービスのためのリソースの提供であれば、第三者が特定のURLにアクセスした場合に、Ｂ社の指示する内容のHPを表示する）を実現しているという状態は発生するものの、契約において**特定の仕事の完成が合意されている訳ではありません**。あくまでも、その時々にＢが指示する内容のリソースを提供することが契約の内容となっているに過ぎません。

　イメージのためにもう少し具体的に考えてみます。Ｂ社として「HPに新たなサイトを追加し、その分利用するリソースを増やしたい」と考えた場合には、Ｂ社は通常はＡ社の提供するダッシュボード上で必要な追加リソースを選択するだけで、すぐにリソースを増加させて新たなサイトの提供を開始することができます。これがクラウド契約の特徴です。

　このような、顧客企業の指示通りにリソースを提供するというクラウドサービス契約の特徴を前提とすれば、ベンダのなすべきことは極めて**可変的**であって、事前になすべきこと（「仕事」）を**特定することは困難**ですし、また、特に納品物が生じるような性質のものでもありません。

　クラウド契約においては、ベンダは顧客企業に毎月請求書を出すことがありますが、「請求書こそが納品物でこれを検収して報酬を払う」

といった技巧的な対応はクラウドサービス契約の本質からすれば、**相当ピント外れと言わざるを得ません**（クラウド情報管理115頁）。

　甲弁護士はこのような請負形態の契約を受け入れるというアドバイスをすべきではなく、仮にそれが「変更不可」だとしても、依頼者A社に対してリスク告知（1章4（30頁））を行うべきでした。

## 2　クラウドサービス契約の特徴

### ①クラウドサービスとは

　クラウドサービス以前においては顧客企業（例えばB社）に設置されたサーバにCPU、GPUやハードディスク等がインストールされ、これが利用されていた（オンプレミス）ところ、**クラウド**（IaaS、Infrastracture as a Service）においては、これらを、ベンダ（例えばA社）がインターネットを通じて利用可能とします。本件でもそのようなリソースをA社がクラウドサービスとしてB社に提供しています。この点について、より詳しく知りたい方は、クラウド情報管理2頁以下をご参照ください。

### ②特定顧客のために事前に特定のリソースを準備していない

　クラウドサービスにおいては、全ての顧客企業への均一なサービスの提供が想定されることが多く、少なくともそれぞれの顧客企業に応じて**きめ細かに個別対応することは想定されていません**。

　例えば、もし特定の顧客企業のために特定の仕様を満たしたサーバを買って準備しておかなければならないとすれば、ベンダとしてそれに見合う費用をその顧客企業に請求する必要があります。

　もし、特定顧客のために事前に特定のリソースを準備するのであれば、B社が自社製品のオンライン販売を行うためのHPについて「大量のアクセスがあっても落ちないようにしてほしい」と言われた場合、A社としては、かなり稀な状況（例えばインフルエンサーに取り上げられて瞬間最大風速的に大量のアクセスがくる場合）に備えて大量のリソースを購入し、メンテナンスを行うことになるので、B社から**多額の対価を支払ってもらえなければ、割りに合わない**ことになります。

反面、そのリソースのほとんどは通常は利用されず、いわば**死蔵され**
**ます**。

③**全顧客に均一のサービスを提供し合理的価格の実現を目指す**

　しかし、Ａ社が大量のサーバー等をあらかじめ準備し、**必要な顧客**
**企業がいれば順次提供していくというビジネスモデル**を利用する場合
には状況が変わります。

　例えば、10社の顧客が、12ヶ月のうち11ヶ月は１のリソースを必
要とし、12ヶ月のうち１ヶ月だけ10のリソースを必要とする（その
月は各社で違うタイミングで到来する）という場合において、上記の
特定の顧客企業のためにサーバを買って準備しておく場合には、100
（10社×10）のリソースを準備して提供することになり、11ヶ月間は
そのうちの約90％が死蔵されます。

　しかし、大量のサーバ等をあらかじめ準備し、必要な顧客企業がい
れば順次提供していくのであれば、19のリソース（ピークの月に１社
は10、残り９社はそれぞれ１）を準備するだけで全ての顧客のニーズ
に応えることができるので、特定顧客のために事前に特定のリソース
を準備する場合の約５分の１のリソースで済みます。これはリソース
の有効活用にもなり、かつ、顧客企業も安価にサービスを利用するこ
とができます。

　そしてこのような特徴はクラウドサービス契約の**内容が定型化・共**
**通化**されているという特徴に反映されます。


## 3　クラウドサービス契約と契約類型

　このようなクラウドサービスにおいては、あくまでも顧客企業（Ｂ
社）が求めるリソースを求めるだけ（可変的に）提供するのであって、
**事前に完成すべき仕事の内容は決まりません**。

　請負契約においては、何を完成すべき「仕事」として検収を行うの
か、そこに契約不適合があれば契約不適合責任を問うのかという問題
があるところ、完成すべき「仕事」が存在しないクラウドサービス契
約を**請負形態で締結することは不適切**と言わざるを得ません。

第５章　IT契約にまつわる失敗……123

いわゆる典型契約の中では準委任契約が最も類似するものの、必ずしも準委任と同一ではないため、**準委任に類似する無名契約**等と呼ばれることもあります（クラウド情報管理74-75頁）。

確かに、多くの場合にはクラウドサービス契約（利用規約形態が多く見られます）の各条項がベンダと顧客企業の間の法律関係を規律するため、実務上、クラウドサービス契約を典型契約のどの類型にあてはめるかが及ぼす影響の度合いは必ずしも高くないといえます。

しかし、契約の解釈の際に契約類型が影響することがあり、その限りでは、契約類型を誤って請負契約と合意しても問題はないとはいえません。

## 4　実務上の対応

実務上、ベンダは、上記2で述べたサービスの定型性・一律性を前提に、ユーザーに同一の利用規約に同意してもらうことでクラウドサービス契約を締結しようと試みます。

とはいえ、顧客企業としては、「利用規約を変更してほしい」と希望することもあるでしょう。

ベンダとしては、まさに上記の「サービスの定型性・一律性」等と関係が深いところは顧客企業の要求に応じられないことが多いでしょう。

例えば、「他社に対してはこのGPUを使ってサービスを提供しているようだが、自社には特別な高性能のGPUを使ってサービスを提供してほしい」というのは、まさにサービスを定型化して一律に提供することで、**安価なサービスを提供するというクラウドサービスのビジネスモデルに反する**ものであり、ベンダとしては通常はこのような要求に応じることはできないでしょう。

また、「請負契約にしてほしい」という要望も、上記3で述べた、クラウドサービスにおいて完成すべき仕事がないという観点を踏まえ、ベンダとして応じられないことが多いでしょう。

とはいえ、管轄裁判所や準拠法といった「サービスの定型性や一律

性」等と**関係が薄い部分**は、ベンダ各社の方針にもよるものの交渉可能なことがあります。一部のベンダは既に顧客企業が希望しそうな（ベンダに不利な）管轄裁判所や準拠法をあえて選択することで、顧客企業がわざわざ交渉しなくてもよいようにしているところもあります。

### こうすればよかった

甲弁護士は、クラウドサービス契約の性質をよく理解した上で、この案件に臨むべきでした。

そして、「請負契約にする」というB社の要望がいくら「変更不可」だとしても、契約書レビューの観点からは受け入れがたい内容であることを伝え、最低限、A社に対し**リスク告知**（1章4（30頁））をすべきでした。

### ✸ これがゴールデンルールだ！

**クラウド契約を勉強し、審査対象となる契約についての理解を深めよう！**

第5章　IT契約にまつわる失敗……125

# ㉒ ユーザこそ協力義務を負う
## 〈システム開発契約〉 ‥‥‥‥‥‥‥‥‥‥▶

### 失敗事例 安易な「お任せ」は禁物

　甲弁護士はＡ社から依頼のあった、Ａ社がＢ社にシステム開発を委託する契約のレビューを行っています。

　この契約では、Ａ社とＢ社の役割分担の記載がありませんでしたが、「Ｂ社はプロなので適切な分担でやってくれるだろう」と考えた甲弁護士はそこはそのままとし、雛形と照らし合わせて簡単にレビューを進め、システム開発契約が締結されました。

　システム開発を進めるにあたってＡ社は常にお任せの態度で、自発的に要件や仕様を提示しませんでした。Ｂ社が苦慮しながら要件や仕様について他社事例等を参考に提案したところ、Ａ社は内容を確認せずに提案を丸呑みしてしまいました。

　そして、いざ、完成したシステムをＡ社の現場担当者がテストで利用した際、全く使えないものができていることが発覚しました。

　Ａ社から相談を受けた甲弁護士は日夜対応に追われています。

　「Ｂ社はプロなのに、とんでもないものを作るなんてひどい！」

　甲弁護士はＢ社に憤っています。

### 解説

### 1　失敗の原因

　「プロ」に任せるのだから安心と軽信し、システム開発において**ユーザが負う責務**に思いを馳せなかったのが、甲弁護士の失敗です。

　たしかに、建築等の請負であれば、「大まかな要望を請負人に伝え

ると設計図が出来上がり、後は注文者としてほとんど関与しなくても、希望する家を請負人が建ててくれる」と考えていてもそう大きな問題がなく家が建つかもしれません。

しかし、そのような建築等のアナロジーで「大まかにシステムについての希望を伝えれば、後はベンダがよろしくやってくれるだろう」と、システム開発を**ベンダに丸投げするのは全くの誤り**です。

2で述べるとおり、**ユーザこそ、ユーザの行う業務の専門家**なのであり、ベンダはユーザの行う業務について専門性を持たないからです。だからこそ、ユーザとして果たすべき責務があります。そして、そのような責務をユーザが果たさなければ、プロジェクトが失敗するのはむしろ当然です。ですから、甲弁護士は、そのような丸投げの傾向を把握していた以上、その段階でA社に対して注意喚起（リスク告知。1章4（30頁））をして、是正を求めるべきだったのです。

## 2　契約類型より重要な「二重の専門性」

システム開発契約は2種類に分かれると言われます。すなわち、**請負契約**と**準委任契約**です（なお、労働者派遣等もありますが、これはシステム開発そのものを内容とする契約というよりは、システム開発の要員をいかに確保するかに関する契約ですので、詳論しません）。

しかし、いずれの法的性質であっても、それがシステム開発契約である以上、共通して適用される特徴があります。それが二重の専門性です。すなわち、ITについてはもちろんベンダが専門性を有しますが、**個々の企業や業界に特有の業務**についてはベンダとしては知る由もありません。

特定のユーザの業務に利用されるためのシステム開発契約においては、当該ユーザの業務内容を前提にどのようなシステムが必要とされるかが決まってくるのですから、これを軽視してはなりません。そして、このような業務に関する専門性はユーザこそが有し、ベンダは有してはいないのです。このようにITの専門性と業務の専門性という**2つの専門性がなければシステム開発がうまくいかず、トラブルが生**

じ得ることを、二重の専門性と呼ぶことがあります。

**■二重の専門性を意識しないとシステム開発は失敗する**

|  | ベンダ | ユーザ |
|---|---|---|
| IT | プロ | 素人 |
| 業務内容 | 素人 | プロ |

➡ お互いの専門外の分野を
カバーし合わないとシステム開発は失敗する

　なお、「金融に詳しいベンダ」等、ユーザの属する「業界」につい
て一定の専門性を有することはあるでしょう。しかし、同じ業界の企
業でも具体的業務のあり方は様々であるため、ベンダが単に業界に詳
しいだけでは「二重の専門性」は解消されないのです。


# 3　ユーザとベンダの義務

　二重の専門性は、ユーザが、他の類型の契約よりも強くプロジェク
トの過程でコミットしなければならないということに帰結します。

　だからこそ、ユーザとベンダの義務として、それぞれ**協力義務**と**プ
ロジェクトマネジメント（PM）義務**が認められています（システム
開発法務55頁以下）。

### ①ユーザーの協力義務

　ユーザの協力義務というのは、ユーザとしてそれぞれのタイミング
でなすべき協力を行い、プロジェクトの円滑な進行に協力する義務を
負うということです。

　例えば、要件出しや仕様決定時において、ユーザは**適時適切に情報
を提供**し、また仕様の内容の決定等の**意思決定を速やかに行う**必要が
あります。この対応が適切に行われないとシステムにユーザが希望す
る内容が盛り込まれなくなりますし、この対応が適時に行われないと
システム開発の進捗に問題が生じます。

　仮に、ユーザとして例外的な業務があり、特定の場合には例外的取
り扱いをしないと業務が回らないにもかかわらず、ベンダに対しては

原則的な業務の内容のみを伝えていたとしましょう。

　その結果として、原則的な業務に対応した仕様が出来上がります。本来は、この場合でも、ベンダが提出した仕様書を、ユーザがしっかりレビューすることで、例外的業務を仕様に盛り込むことができます。しかし、現実には、(「ベンダに任せておけば大丈夫だ」等と考え) ユーザが仕様書をほとんど読まないまま、例外的業務を取り込んでいない仕様を承認してしまうといった状況が生じ得ます。

　このような状況において、実際に完成したシステムをテスト段階においてユーザが利用してみると、「例外的業務もあるのにそれが取り込まれていないため、使えないシステムである」という声が上がり、その段階で仕様変更が要求されたりします。

　既にプログラムが組まれた後のテスト段階であれば、そのような変更はベンダとして受け入れることは困難な場合も多いでしょう。また、仮にこれを (ユーザによる費用の負担等の条件の下で) 受け入れても、そのような変更が発生することで、他の箇所にも影響があり、予定外の時間と労力がかかってしまい、結果としてプロジェクトの円滑な進行に悪影響を与えることがあります。

　よって、ユーザとしては、**要件出しや仕様決定時において**、適時適切に情報を提供し、また仕様の内容の決定等の意思決定を速やかに行い、また、その後も**大量の仕様変更を求めてプロジェクトの進行に悪影響を与えないといった慎重な対応**が必要なのです。これが、ユーザの協力義務です。

②ベンダのPM義務

　ベンダのPM義務はプロジェクト管理に関して負う義務であり、大きく分けてベンダの内部管理とユーザ管理を内容とします。

　**内部管理**とは、ベンダの要員が円滑に予定通りのタイミングでプロジェクトを遂行できるように要員の手配や管理を行うことで、ある意味では当たり前のことです。

　実務上、より重要なのは**ユーザ管理**です。上記のように二重の専門性があり、ユーザの協力がシステム開発プロジェクトの成功に必要で

第5章　IT契約にまつわる失敗……129

あることから、ベンダの PM 義務には、ユーザの協力を取り付け、ユーザの分担する業務の遂行が適切でない場合において、**是正を促す等の義務**が含まれます。例えば、仕様書の承認が遅れていれば「承認が遅れており、これ以上遅れるとスケジュールに悪影響を与えかねない」と説明して適時の仕様確定を促す必要があります。

## 4　お任せは厳禁

　このようなシステム開発の特殊性からは、ユーザは決してベンダに「お任せ」にしてはなりません。

　たしかに同じ業界の他社のシステム開発の経験があるベンダであれば、あくまでも他社事例を踏まえた推測に過ぎないと留保を付した上で、「きっとこの業界で必要とされている要件はこれだろう」などと推測して仕様書にまとめ、承認を求めることもあるでしょう。

　しかし、「**本当にその仕様の内容がユーザとして欲しいものか**」については、ユーザが責任を持って確認する必要があります。もし、「IT業界の一流企業がまとめた仕様書だから」とお任せし、一切確認せずにこれを承認すれば、結果的にユーザの欲しいものとかなり乖離することは当然です。

　ユーザとしては是非この点に気をつける必要があります。

## 5　弁護士として行うべきこと

　このようなシステム開発のリスクを踏まえ、弁護士として行うべきことは、契約上の対応と契約外の対応の 2 つがあります。

①**契約上の対応**

　まず、契約上の対応としては、契約上に役割分担を明記し、**ユーザとして何をすべきか**を確認すべきです。

　つまり、ユーザとして自分の役割が何かを理解していなければ、トラブルになることは必然です。契約上の役割分担の記載は、まさにその点を確認する意味があります。

　その上で、ユーザとしてはその役割を果たすことができる（協力義

務を果たすことができる）プロジェクト担当者の選出と、当該担当者がそのための時間を捻出できることの確認を経た上で、システム開発契約を締結すべきです。この役割分担は、契約の本文ではなく、**別紙や別紙として組み込まれる提案書**等に記載されることがよく見られます。

②契約外の対応

また、契約外の対応として、お任せという姿勢自体にリスクがあることを注意喚起することが挙げられます。

結局のところ、ユーザが協力義務を尽くすためには、例えば、それぞれの領域ごとの検討会議を開催し、その検討会議に**仕様が理解できている人を投入**することが必要です。それができていないと、わかっていない人が「ベンダがそう言うならいいのではないか」とユーザが欲しいものと異なる仕様を承認し、結局完成したシステムは現場として必要な仕様が反映されていないものとなってしまいます。

そこで、弁護士としては、ユーザに対し、このような、システム開発を成功に導くための留意点をアドバイスすべきでしょう。

### こうすればよかった

甲弁護士としては役割分担について契約上明記すると共に、ベンダにお任せしようというA社の姿勢には大きなリスクがあり、ユーザが負う協力義務を尽くすよう注意喚起すべきでした。

### ✹ これがゴールデンルールだ！

ユーザが「お任せ」のつもりなら要注意。協力義務を尽くすよう説明しよう！

# ㉓ 関連契約を踏まえたアドバイスを

## 〈ERP と Fit&Gap 分析〉 ‥‥‥‥‥‥‥‥‥‥‥‥▶

### 失敗事例 パッケージの利用目的の確認を怠る

甲弁護士は、A社から依頼のあった、クラウド上でB社のERP（詳細は次頁参照）パッケージソフトウェアの提供を受ける際の利用規約のレビューを行っています。

甲弁護士は、このERPが有名なパッケージソフトで、クラウド上で提供されるものでもあることから「不利でもやむを得ない」として、一定の条項（例えば、免責条項の存在とそのリスク）を告知するにとどめました。

しかし、実はこれは、後にこのERPをC社に改修させるプロジェクトのための契約でした。プロジェクト開始後にC社が「B社のERPはA社の業務に向いておらず、改修に巨額の費用と時間がかかる」と言い出し、A社はこのプロジェクトで大きな損失を出してしまいました。

「B社との契約の段階できちんと審査してくださいよ！」

甲弁護士は、A社の担当者に怒られてしまいました。

### 解説

## 1 失敗の原因

パッケージソフトには、2種類の利用方法があります。パッケージをそのまま何の改変もせず（パラメータ調整程度で）利用することと、パッケージを自社業務に合わせて修正して利用することです。

前者の**何も改変しない場合**には、業務をパッケージに合わせる必要があるという意味においてビジネス上の手間はかかるものの、法的リスクはあまり大きくありません。

これに対し、後者の**パッケージを自社業務に合わせて修正する場合**には後述の大きなリスクがあります。

　しかし、甲弁護士はこのようなリスクの管理に必要な情報である、どのような目的でパッケージソフトを利用するかについてA社に確認していません。これが甲弁護士の失敗の原因です。

　A社はC社との契約がリスキーだと思えば、甲弁護士にレビューを依頼するのでしょうが、「C社は出入り業者で、A社雛形にサインしてくれる」と考えれば、特にレビューを依頼しないこともあるでしょう。

　甲弁護士としてはC社との契約の審査依頼がきてから考えるのではなく、B社との契約の段階で**そもそもこのパッケージはどのような目的で利用するのか**を確認し、それが別途パッケージ開発と言われるERPパッケージに対して追加開発を行うプロジェクトなのであれば、そのリスクについて助言すべきでした（システム開発法務513頁以下）。

## 2　ERPとパッケージ開発

　そもそも、ERPという言葉を聞き慣れない読者の方も多いかもしれません。ERPとはEnterprise Resource Planningの頭文字を取ったもので、**企業の資源をどのように全体最適を実現する形で配分するか**を計画することに関するソフトウェアです。

■企業資源について全体最適を実現する形での配分を計画するERP

多くの企業では ERP を典型例とするパッケージ（ソフトウェア）を導入していますが、なぜパッケージを導入するのでしょうか。それは、パッケージをそのまま利用するか、又は一定の変更（追加開発）をするとしてもできるだけ変更せずに利用できれば、ゼロから（スクラッチで）開発する場合よりも**時間と費用をかなり節約すること**ができるからです。

例えば、新規事業を立ち上げ、その立ち上げと同時に当該事業に利用するソフトウェアが必要だという状況はよく見られます。そして、ソフトウェアをゼロから作るのに 2 年かかるとなると、2 年後にソフトウェアができた頃には、新規事業を始める意味がなくなっていたということもあり得るでしょう。

これに対し、既に存在するソフトウェアを利用し、もし一切ソフトウェアを変更しないのであれば、**最短翌日から**新規事業のために当該ソフトウェアを利用することができます。仮に、一定程度変更するとしてもその変更の程度が小さければ、（翌日とはいかなくとも）かなり迅速に自分たちの欲しいソフトウェアの利用を開始することができます。その意味で、パッケージを利用することや、パッケージを元に小規模な追加開発を行って利用することは極めて魅力的です。

## 3　パッケージ開発失敗の理由

しかし、ERP を典型とするパッケージ開発案件の**失敗事案は多数存在**します（システム開発法務513頁以下）。

その理由は、そもそもパッケージ開発をすべきかの見極めを誤ったから、または、当初の想定ではパッケージ開発に適していたものの、その後の開発過程で要求が膨らみ、パッケージ開発に適さなくなったからです。

①パッケージ開発をすべきかの見極めを誤った

パッケージ開発をすべきかの見極めを誤るというのは、要するに、欲しいものとパッケージが大きく異なるという場合です。

通常、パッケージ開発を行うかどうかを判断するにあたり、実際の

134

パッケージの有する機能とユーザが欲しい機能を比較する **Fit & Gap 分析**を行います。Fit というのは適合箇所、Gap というのは不適合箇所のことです。

　例えば、利用を考えているパッケージには備えられていない多くの要求事項、つまり Gap が存在するとすれば、少なくともユーザがその要求事項の大部分を維持する限りにおいて当該ソフトウェアはパッケージ開発のベースとして利用するには適切ではありません。

　パッケージ開発のメリットを享受できるのはあくまでも**変更が最小限にとどまる場合**であり、大幅な変更が必要になってしまうと、パッケージ開発のメリットを享受できないばかりか、変更のための開発のコストも時間も大きくなり、むしろゼロから（スクラッチ開発によって）作ったほうがよいことになります。

　そこで、Gap が大きい場合には、異なるパッケージを用いる、スクラッチ開発を行う、要求事項を変更してパッケージに合わせて業務を行う、のいずれかにしなければなりません。そのような適切な意思決定を行わなければ、元々そのパッケージを利用するシステム開発プロジェクトは失敗が運命づけられていると評さざるを得ません。

## ②開発過程で要求が膨らみ、開発に適さなくなった

　そして当初は Fit の割合が一定程度高いと識別されても、プロジェクトが進む過程で **Fit 率が大幅に下がる**ということも実務上はよく見られます。

　例えば、ユーザのプロジェクトの責任者が「業務をパッケージに合わせる」と決め、当該決定に基づき、ほとんど修正をせずにパッケージを微調整するに留めることにしたとしましょう。そうすれば Fit 率は高く、パッケージを利用したパッケージ開発を行うことは極めて自然です。しかし、実際にプロジェクトが進む過程で、現場から、「この業務はどうしてもパッケージに合わせられない」「この機能だけはなんとか業務に合わせてくれ」という声が出ることはよく見られます。

　その場合、ベンダとしては、ユーザに対し、「当初、業務をパッケージに合わせる」と決めたこと自体は注意喚起した上で、それでも業務

第 5 章　IT契約にまつわる失敗……135

に合わせてパッケージを変更するか確認し、ユーザの意思決定を促すことになるでしょう。それでもユーザが「業務に合わせてパッケージのほうを変更する」と決めた場合には、**ベンダがそれを受け入れる限り、パッケージの修正が発生**することになります。

　しかし、そのような修正が当初の予定よりはるかに多く発生してしまうと、その結果として、大幅な変更が必要になるということが少なくありません。

　そうすると、当初はパッケージ利用が合理的であったとしても一連の修正要求とそれによる仕様の変更の過程を経た後の時点においては、もはや「パッケージを使うべきではなかった」ということになる場合も少なくありません。

　これは基本的には、ユーザとして（当初の前提と異なる）業務に合わせたパッケージの変更を大量にリクエストしてはならなかったということになるでしょう。

### ③パッケージ改修終了後の変更要求

　場合によっては既にパッケージの改修が終了したテストの段階で、実際にシステムを触った現場ユーザが「**このシステムでは業務が回らない**」という主張をすることもあります（5章22（126頁）参照）。

　そのような仕様変更の要求が多くなされると、システムの円滑な遂行に対する大きな阻害原因となります。そのような現場ユーザの主張を受けて組織として、「仕様変更をしないと稼働できない」と判断すると、まさにシステム開発の最後の最後の段階で当初の予定と異なる大幅な修補を余儀なくさせられ、結局のところ、プロジェクトの納期、予算、品質に大きな悪影響を及ぼしてしまうのです。

## 4　パッケージ契約について弁護士のなすべきこと

　弁護士としては、ERP パッケージの契約のレビュー案件について、**そのパッケージがどのような文脈で利用されるか**についての注意を怠ってはなりません。特に、「契約条項は変更できないから、リスク告知をすればいい」といった理解に基づき、安易に条項レベルの有利・

不利についてのアドバイスをしただけでお茶を濁すべきではありません。そうではなく、このような事案のリスクを正確に把握し、当該把握したリスクに基づく助言（リスク告知。1章4（30頁））を行うべきです。

## こうすればよかった

甲弁護士は、そのERPパッケージをそのまま利用するのか、それとも追加開発をするのか、開発はどこのベンダに委ねるつもりか等を尋ねた上で、当該追加開発のリスクを評価するべきでした。そして、ERPパッケージを利用することにしているのか、十分にそのリスクを把握しているのか等を踏まえ、Fit&Gapの結果等を確認し、その上で、ERPパッケージに関する契約を結ぶべきかについて、適切なアドバイスをすべきでした。

また、パッケージに関する契約を締結する時期や、システム開発に問題が生じた場合に、パッケージに関する契約に基づく費用は発生するのか等についても確認すべきでした。

## ✸ これがゴールデンルールだ！

関連契約を見落とさない。パッケージの契約であれば、追加開発を見据えた適切なリスク管理上のアドバイスを！

第5章　IT契約にまつわる失敗……137

## ㉔ 第三者には対抗できない？

### 〈データ提供契約〉 ･････････････････ ▶

### 失敗事例 データ・オーナーシップに惑わされる

　甲弁護士はＡ社から依頼のあった、個人データを含むデータをＢ社から提供される契約のレビューを行っています。

　甲弁護士は、契約に「データの所有権がＡ社に移る」と規定されていたのを、「何をしても良い権利が得られた」と考え、特に問題視しませんでした。

　しかし、後にレビューした乙弁護士から「データに所有権はない。本件では個人データを提供することを適法とするためのスキームが検討されていない」と指摘されました。

　甲弁護士は、「最近ではデータ・オーナーシップといわれ、データの帰属先が重要になっているのに？」と、乙弁護士の指摘を理解できないでいます。

### 解説

### 1　失敗の原因

　甲弁護士は「データ・オーナーシップ（詳細は後述141頁）がＡ社にある」と契約に記載されていることを金科玉条として、それによってリスクが管理されていると判断したようです。

　しかし、後述の通り、それは少なくとも第三者との関係では有効なものではないため、あまり意味がなかったということになります。これが本件における甲弁護士の失敗の原因です。

　**データ提供に関する契約は近時増加**していることからデータ提供取

138

引に関する勘所をつかみ、これを適切に審査できるようになりましょう。

　以下、簡単に解説していきます。

## 2　データ提供契約

　データ提供契約は、文字通り、データを提供することに関する契約ですが、そもそもどのような場合にデータ提供契約が締結されるのでしょうか。

　例えば、ある企業が有用なデータを持っているところ、「それを欲しい」という企業が存在しているとき、そのような**企業にデータを渡す代わりに、金銭等の対価をもらう**という場合があります（次頁パターン１）。

　また、共同でデータを持ち寄って、そのデータを活かして**より高度な分析を行う**場合もあります（次頁パターン２）。

　さらに、特定のプラットフォーム事業者が当該プラットフォーム上でデータの授受が行われるようにし、その規約等でデータ提供契約の内容を定めることもあります（次頁パターン３）。

　このようなデータ提供契約においては、データの利用権限、データに問題がある場合の責任、データに関する損害の分担、利用目的と目的外利用等の課題が生じることがあります。これらの課題に関するリスクを管理するために、契約において関連する条項が設けられることが多いといえます。

　次頁では上記の３つのパターンのイメージを図解してみました。

第５章　IT契約にまつわる失敗……139

■データ提供契約のイメージ

パターン①　有用なデータを受け取る代わりに金銭を支払う

パターン②　共同でデータを持ち合い、より高度な分析を行う

パターン③　プラットフォーム上でデータの授受が行われるようにする

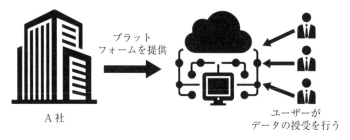

## 3　どのようなデータが提供されるのかを把握する

　データ提供契約の特徴として、どのようなデータが提供されるのか、それをどのように提供するかによって、自社のデータが保護される範囲や、自社がコントロールできることが変わってくるということが挙げられます。

例えば、データの内容が個人情報だとしましょう。そうすると、必然的に**本人（データ主体）の権利**が関係します。

　それが**個人データ**ということになれば、原則として本人の同意がない限り勝手に第三者に提供できませんし、**保有個人データ**だということになれば、そのようなデータについては、本人は開示・訂正・削除等について法定の請求権を有することになります（「個人情報」「保有個人データ」に関しては4章17（94頁）参照）。

　さらに、著作物であれば、勝手にコピーすると複製権侵害等になりかねません（著作権法については、4章16（90頁）も参照）。

　以上のように、データ提供契約においては、どのようなデータが提供されるのかが非常に重要です。

　例えば、特定の状況においては、「公開データ」としてデータそのものを公表してしまうことは1つの適切な方法であり得ます。しかし、そうではなく営業秘密として提供するとか、より広い範囲で提供するものの、限定提供データ（詳細は143頁）としての保護を受けるように提供する等の判断をすることがあります。

　要するに個々の案件の提供すべきデータの種類やそのプロジェクトにおけるビジネス戦略に応じて、データに関する適切な対応の内容が変わるため、契約書の審査を行う際は**ビジネスの内容を理解**することが必須なのです。


## 4　データ・オーナーシップ

　「データ・オーナーシップ」という言葉をよく聞きます。

　データが化体した媒体、例えば紙の書類には所有権が発生しますが、データは動産でも不動産でもないため、データそのものに所有権は発生しません。

　そして、まさに、無体物で所有権の対象とならないからこそ、誰がそのデータをどのように「支配」しているかに関する取り決めが必要であり、その取り決めのことを「**データ・オーナーシップに関する取り決め**」と呼ぶことがあります。

第5章　IT契約にまつわる失敗……141

「データ・オーナーシップに関する取り決め」においては、例えば、**共有の範囲を決定することができるのは誰か、改変を決定することができるのは誰か**等が定められます。

■所有権の対象にならないデータの支配状態を取り決める

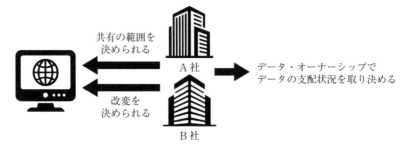

「AI・データの利用に関する契約ガイドライン 1.1版」（https://warp.da.ndl.go.jp/info:ndljp/pid/11433651/www.meti.go.jp/press/2019/12/20191209001/20191209001-1.pdf）は、契約実務上、あるデータについて一方の契約当事者に「データ・オーナーシップ」を帰属させるといわれる場合があるが、当該契約当事者に所有権等の物権的な権利があると考えるのは困難であり、このような表現は、当該契約当事者が他の当事者に対して、データの利用権限を主張することができる債権的な地位を有していることを指すものと考えられる（同16-17頁）としています。

ここでは、これが**債権的地位に過ぎない**ということが重要です。つまり、当事者間でいくらデータ・オーナーシップを規定する契約書を締結していても、それは当事者限りの権利義務を定めるものに過ぎず、原則として、（知財等の特別な根拠がないかぎり）**第三者には何もいえない**ということです。

例えば、失敗事例の通り、データ提供契約には、個人情報が関係する可能性があるところ、個人情報（正確には「保有個人データ」）であれば、まさに本人から開示・訂正等の請求を受ける可能性があり、いくら当事者でコントロールについて合意しても、いわば強行法規で

ある**個人情報保護法に上書きされる関係**にあるのです。

また、NDAに基づき第三者から受領している情報であれば、いくら契約当事者がデータ・オーナーシップについて合意しても、原則として**その第三者に対しては対抗できません**。したがって、提供がNDA等の契約違反となったり、当該第三者から、不正競争防止法等を根拠に利用の差止等が求められたりするかもしれません。

■データ・オーナーシップは第三者には対抗できない

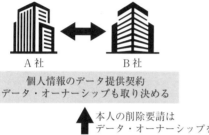

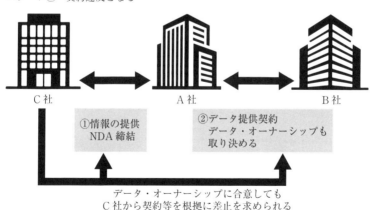

## 5 限定提供データ等

なお、限定提供データについて補足しましょう。

そもそも不正競争防止法上の営業秘密（不正競争防止法2条6項「この法律において「営業秘密」とは、秘密として管理されている生産方法、販売方法その他の事業活動に有用な技術上又は営業上の情報であって、公然と知られていないものをいう。」）に該当するためには、非公知性、有用性、秘密管理性が必要なところ、例えば一社に対してNDAを結んで提供するだけではこの要件該当性は否定されないものの、データ提供を申し出て、お金を払えば誰にでも提供するというデータが営業秘密に該当するかは微妙です。

　そこで、不正競争防止法において、「**限定提供データ**」という概念が作られ、営業秘密として保護されるための3要件を満たさなくても保護されるようになりました。

　限定提供データとは、公開情報等の非公知情報であっても、業として特定の者に提供する情報として電磁的方法により相当量蓄積され、及び管理されている技術上又は営業上の情報のことをいいます（同法2条7項）。

　例えば、相当量蓄積されたデータが管理され、有料で提供されていて、そのデータの提供を受けるためにはお金を払ってIDとパスワードを発行してもらわないといけない、といったものであれば限定提供データとなる可能性が高いでしょう。

　不正競争防止法の令和5年改正までは、営業秘密制度との重複を避けるため、秘密として管理されている情報は、限定提供データから除外していました。

　しかし、営業秘密としての保護のためには非公知性が要求されているために、「営業秘密として保護されない、公知だが秘密として管理されている情報」が限定提供データとしての保護も受けられなくなることは問題があるとして、令和5年改正においては、**営業秘密ではない限り、他の限定提供データの要件を満たせば、限定提供データとしての保護を受け得る**とされています。

■不正競争防止法令和5年改正により限定提供データの範囲が拡大

|  | | 改正前 | 改正後 |
|---|---|---|---|
| 秘密管理<br>されている情報 | 非公知 ⇒ | 営業秘密 | 営業秘密 |
|  | 公知 ⇒ | 保護されず | 限定提供データ |
| 秘密管理<br>されていない情報 | 非公知 ⇒ | 限定提供データ | 限定提供データ |
|  | 公知 ⇒ | 限定提供データ | 限定提供データ |

### こうすればよかった

　甲弁護士はデータ・オーナーシップという概念に惑わされず、問題となるデータはどのようなものか、それが第三者との関係で制限があるデータではないか等を考え、リスク管理に向けたアドバイスを行うべきでした。そのためには、データに関する情報その他リスク管理に必要な情報を得るべきでした。

### これがゴールデンルールだ！

データ・オーナーシップに惑わされない。第三者との関係に留意して適切なリスク管理を！

第5章　IT契約にまつわる失敗……145

# ㉕ AIのリスクを理解せよ

〈AI契約〉・・・・・・・・・・・・・・・・・・・・・・・・・・・▶

**失敗事例** AIのことなんてわからない！

甲弁護士はＡ社から依頼のあった、Ｂ社のAIを活用するための契約についてレビューを行っています。

本件では、Ａ社の個人顧客に関するデータを当該AIに投入して、マーケティングに関するより良い洞察を得ようとしています。AIはＢ社がクラウド上で提供しており、契約は利用規約形式で提示されています。

甲弁護士は、「AIについてはよくわからないが、利用規約であれば変更できないだろう」ということで、責任制限等について簡単にリスク告知をするにとどめました。

すると、ピアレビューを担当した乙弁護士から「AIについての理解が不足している」と注意を受けてしまいました。

「弁護士なんだから、AIのことなんてわからなくて当たり前じゃないか」と同期の弁護士に愚痴を吐く甲弁護士でした。

**解説**

## 1　失敗の原因

AIの進歩がめざましく、日々新たな法的論点が生まれています。

Ａ社はAIを利用するところ、甲弁護士としては、その新たなリスクを踏まえた検討をしなければ、適切なリスク管理への貢献を行うことはできません。

だからこそ、AIの特性を理解し、どのような新たなリスクをもたらすかに基づき契約をレビューすべきでした。これを怠ったのが甲弁

146

護士の失敗の原因です。

以下、具体的に解説していきます。

## 2　顧客データの AI による分析と個人情報保護法

### ①個人情報保護法が問題となる

失敗事例では、A社は個人顧客に関するデータを、B社の AI に投入して、マーケティングに関するより良い洞察を得ようとしていますが、このように、顧客データを AI によって分析することは**個人情報保護法が問題**となります（4章17（94頁）参照）。

### ②利用目的

利用目的規制に関する「個人情報の保護に関する法律についてのガイドライン（通則編）」3－1－1の※1は、「例えば、本人から得た情報から、本人に関する行動・関心等の情報を分析する場合、個人情報取扱事業者は、どのような取扱いが行われているかを本人が予測・想定できる程度に利用目的を特定しなければならない」としています（Q＆A2-1も参照）。

利用目的について、従来は、その最終的なゴールが何かを利用目的として特定（個人情報保護法17条1項）すべきとされていました。しかし、AI 時代においてプロファイリングが頻繁に行われるようになったことを受け、ゴールだけではなくその過程についても特定し、本人がどのような取り扱いが行われているかを理解できるようにすべきだとされ、ガイドラインにおいて上記のような文言が入りました。

そこで現在は、企業が AI を利用した分析を行っているのであれば原則としてその旨を特定し、例えば**プライバシーポリシーに記載して公表**等すべきことになります（同法21条1項）。

### ③第三者提供

加えて、A社は AI に顧客データを入力することを通じて、B社に**個人データの第三者提供をする可能性**があります。そこで、いかなる法的根拠に基づきそれを正当化すべきかが問題となります（個人情報保護法27条。4章17も参照）。

第5章　IT契約にまつわる失敗……147

例えば、**同意構成**として、本人の同意を得る構成があります（個人情報保護法27条1項柱書）。

他に、**委託構成**として、B社を監督（同法25条）する代わりに、本人同意を不要とする構成があります（同法27条5項1号）。

また、クラウド例外が使えるのではないかという議論もありますが、令和6年3月に個人情報保護委員会が公表した注意喚起（https://www.ppc.go.jp/files/pdf/240325_alert_cloud_service_provider.pdf）からは、その例外の活用は慎重に検討すべきことがうかがえます（その他、個人情報であり個人データではない等、様々な整理があり得ますが、詳細はChatGPTと法律実務63頁以下及び松尾剛行「生成AIと個人情報保護法」一橋研究49巻2号掲載予定をご覧ください）。

いずれにせよ、この事案における適切な整理を考え、それを契約上に反映すべきです。

## 3　AIの特性を踏まえた対応

上記はあくまでも、この失敗事例における、個人データを分析等に活用するという特性を踏まえた検討です。すなわち、この具体的事案に則した特性の検討に過ぎません。そこで、以下では、AIプロジェクト一般に利用可能なリスク管理上の留意点を説明しましょう。

### ①データの入力に関する留意点

まずはどのようなデータがAIに入力されるか、という点に留意しましょう。すなわち、上記2では個人データが入力され得るということで、個人情報保護法上の規律が問題となりましたが、例えば営業秘密（5章24（143-144頁））、他社との契約上秘密保持義務を負う情報、著作物等、入力に留意が必要な情報は様々なものが存在します。

そこで、**どのような情報を入力するかという点に留意**して、その入力が適法に行われリスクを増大させないか、そのリスクをどう管理するかを検討すべきです。

### ②データの処理に関する留意点

データの処理の際に、**どの当事者がどのように関与するかに留意**し

ましょう。

　例えば、B社は自社でAIを開発しているのではなく、他社の基盤モデルを利用して処理している可能性があります。仮に基盤モデルベンダC社のモデルを利用する場合、このC社との関係が問題となります。

　B社が「この利用方法で問題がない」と謳っていても、もし、その利用方法がC社の利用規約に違反していれば、将来的に、C社の基盤モデルを利用できなくなり、結果的にサービスを利用できなくなるおそれがあります。他にも、個人データの提供先がB社だけなのかC社にも提供するのか等を確認し、法的整理を行う必要があります。

### ③データの出力に関する留意点

　さらに、データの出力、すなわち処理の結果、**どのようなデータが出力されてくるのかやその利用についても留意**が必要です。

　例えば、ハルシネーション（事実に基づかない情報を生成する現象のこと）を避けるためにどのようにチェックをすべきかとか、他人の著作権を侵害するもの（この点については「AIと著作権に関する考え方について」https://www.bunka.go.jp/seisaku/bunkashingikai/chosakuken/pdf/94037901_01.pdfを参照）等、他人の権利を侵害するものが出力されないか等、AIの利用形態に応じて留意する必要があります。

### こうすればよかった

　甲弁護士はデータの入力・処理・出力という段階に応じてAIに関する問題を整理し、個人情報保護法の問題を特定した上で、利用目的や第三者提供に関する整理を行うようA社にアドバイスをし、AIに関するリスク管理を支援すべきでした。

### これがゴールデンルールだ！

**AIの特性を理解してAI時代のリスク管理の支援を！**

第**6**章

# M＆A契約にまつわる失敗

# 26 1円M＆AでもDD
〈デューディリジェンス（DD）〉

### 失敗事例　会社購入後に多くの問題が発覚

　甲弁護士はA社から依頼のあった、C社からB社の全株式を購入する株式譲渡契約についてレビューを行っています。

　この契約における譲渡価格は1円でした。これは、現時点ではあまり業績が良くなく、前期末の帳簿上の純資産と今期末の赤字見込み額が同額ということで、1円と設定されたとのことでした。

　A社としては、（C社による経営が続くのであれば業績は上向く見込みがないものの）「同業のB社を購入することで業務を拡大でき、しかもシナジーがあるので1円は安い」という判断で購入することにしました。

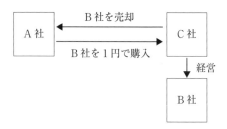

　契約内容は標準的なものであり、A社も「すぐにでも買いたいので、契約交渉を想定していない」ということなので、甲弁護士は契約条項に関する一般的なリスク告知をしたのみでした。そして、「わずか1円の取引に過ぎない」として、特にDDをせず、A社はそのままB社を購入しました。

　購入直後、B社の従業員が労基署に通報したため、A社は労基署から指導を受けるとともに、全従業員に対して多額の未払い残業代を支払う

ことになりました。また、Ｂ社が元から使っていた設備が古くて使い物にならず、設備を更新しなければならないとして多額の支出を余儀なくされました。そして、決算期に数字が合わないということで確認したところ、多額の債務が簿外債務として帳簿に記載されていなかったことが判明しました。

　Ａ社の担当者から苦言を呈された甲弁護士は、「DDを行わずに１円で買ったのだから、こういうリスクはＡ社として想定していて然るべきでは……」と言い返したい気持ちをぐっとこらえました。

### 解説

## 1　失敗の原因

　購入後に発覚した多種多様な問題は、事前に**デューディリジェンス（DD）** を行っていれば発覚したか、少なくとも購入時にそのリスクを織り込んだ何らかの対応をすることができたはずです。

　例えば、法務DDを行う際には、未払い残業代等の問題の有無を確認することになり、仮に未払い残業代が存在する可能性があれば、その影響度を把握した上で、（少なくとも是正が完了するまでは）購入しないとか、仮に購入するとしても、購入価格から支払う必要が生じる可能性のある残業代を差し引く等の対応をすることになります。また、仮に未払い残業代が存在しないという回答であれば、未払い残業代が存在しないことを売主（Ｃ社）に**表明保証**してもらい、仮に違反があれば**補償条項**（6章27（158頁））に従い、補償義務を履行してもらうことになります。

　その他、実際に担当者が現地で設備を確認することで設備の状態も判明したでしょうし（これは法務DDとして行われることもありますが、ビジネスDDとして行われることもあります）、さらに財務DDによって数字が合うかを確認することで、**簿外債務が判明**した可能性もあります。

第6章　Ｍ＆Ａ契約にまつわる失敗……153

A社はこのような DD を行わなかったため、今回のようなトラブルに巻き込まれたところ、いくら DD を行わないというのがA社の意向であっても、甲弁護士としてこのようなトラブルのリスクを告知（1章4（30頁））すべきでした。

## 2　デューディリジェンス（DD）とは

買収の対象会社の問題点を調査・検討する手続をデューディリジェンス（DD）と言います。

DD は**法務、財務・税務、ビジネス等**の様々な観点から行われます。

重要なことは、「**中小企業を買収するにあたり、対象会社に問題が『ない』ということ自体がまずあり得ない**」ということです。

つまり、上場企業であれば一般にコンプライアンス体制が整っていることから、多少の問題があっても組織として徐々に（組織が有する内部統制システム等の仕組みを通じて）検出・是正されていくことが想定されています（ただ、実際にはその理想的な状態が実現していないこともあり、その場合には「企業不祥事」等として大きな問題となる場合もあります）。

これに対し、中小企業は、そもそもコンプライアンス体制自体が存在しないところもあり、いわばオーナーがその意向を部下に実現させているだけという、実質個人企業のようなところも少なくありません。例えば、元々オーナーが個人事業主として、その手足である従業員から支援を受けていたところ、その実態そのままに、税金対策等の目的で法人成りをしたというだけの企業は実際に多数存在します。だからこそ、ある意味では、中小企業を買収するのであれば、「アラ」があって当然と認識すべきです。

したがって、そのような「アラ」がある企業を購入すること自体が問題ということではないものの、購入するとなれば、事前に、DD を通じてその企業が行っている業務の様々な過程やその組織の実態、会計帳簿の内容等において法律等に照らしてどのような問題があるかを洗い出しておかなければなりません。

そうしておかないと、例えば買収後に、買収の対象会社の従業員が「上場企業の子会社になったので、法律に従って対応してもらえる」と考え、「過去３年分の残業代を払ってもらいたい」等という請求がＡ社に来て、その段階で予想外の支出を強いられるといった事態が発生し得るのです。

## 3　補償条項で対応できるのか

　DD を行わなくても、表明保証をさせた上でそれに違反したら補償条項（６章27（158頁））で補償をさせればよいのではないか、と考える方もいるかもしれません。

　しかし、通常は契約書において単に表明保証と補償条項が存在するだけでなんとかなるものではありません。

　そもそも標準的な契約文言においては、補償条項において、補償金額の上限規定が含まれることが多いところ、例えば、その事案その事案でどの程度の額が上限として合理的で、十分にリスクを管理できるかは、**DD を行って対象会社がどのような会社かを理解して初めて判断することができるようになる**はずです。また、コンプライアンスという意味でも、自社の子会社となった企業が労基署から注意を受ける事態等は避けるべきです。そのためには、「事後的に金銭によって賄うことができればそれでいい」という発想は避けるべきです。

■補償条項で対応する上でも DD が必須

> 契約違反した場合に補償条項での補償を検討
> ↓
> 補償条項においては補償金額の上限を定める
> ↓
> どの程度の額を上限とするか検討する必要がある
> ↓
> DD で対象会社を理解する必要がある

第６章　Ｍ＆Ａ契約にまつわる失敗……155

## 4　事業譲渡で対応できるのか

　B社という企業に大きな問題があることを想定して、例えば、株式の譲渡を受けるのではなく、「B社の事業だけについて譲渡を受ければ、リスクが減らすことができるのではないか」という考え方もあるかもしれません。

　確かに、株式譲渡により、対象会社（B社）の支配を獲得した場合、（株主有限責任の原則はあるものの）原則として、譲渡前後を通じてその対象会社の有する権利義務に変化はありません。そこで、例えば残業代債権は引き続き残る、ということになります。

　これに対し、事業譲渡を採用することで、権利義務のうち一定範囲のものを選択することが可能となり得るため、ある程度以上リスクがある事案では、（手続きが煩瑣だなどというデメリットを考えても）事業譲渡を利用することは1つの合理的な方法です（6章28(164頁)）。

　とはいえ、結局のところ、事業譲渡というのは、**欲しい権利・義務がどれであるかを特定した上で、それを譲り受ける**必要があります。**DDを行わなければそれを概括的にしか特定することができず、詳細かつ具体的に特定することは容易ではありません。**

　また、売主（C社）に「これを譲り受ければ問題がない」と言われた範囲の権利・義務を言われるがままに譲り受けただけでは、その権利・義務を譲り受けることによるリスクが管理できておらず、例えば、必要な権利を十分に譲り受けることができないとか、大きなリスクのある権利・義務を譲り受けることになる可能性は残ってしまい、問題の本質的な解決にはなりません。

■事業譲渡で対応する上でもDDは必須

> 権利義務のうち一定範囲のものを譲り受けるため事業譲渡を検討
> ↓
> 欲しい権利・義務がどれかを特定する必要がある
> ↓
> DDで対象会社を理解する必要がある

## 5 DDの深度

　このように、いずれにせよDDを行うことが必要であるところ、DDについては**適切な深度**があります。弁護士としては依頼者の状況に応じた適切な深度のDDを実施することが必要です。

　例えば、本当に全てを確認するだけの時間が取れないのであれば、主要な契約だけに限定するとか、主要なコンプライアンス違反の有無だけに限定するなどと依頼者と合意して、**細かい問題は出てくることを織り込んだ上で、「本当に大きなトラブルがないか」**に絞って確認するというのは1つの合理的な対応といえるでしょう。

　また、時間がない等を理由に依頼者が「DDを省略したい」と強く主張し、上記のDDの必要性について説明しても翻意しない場合であっても、その「時間がない」ということの意味次第では、別途対応が可能なこともあります。

　例えば、「約1ヶ月後の月末に資金がショートするのでDDを省略してすぐに売りたい/買いたい」という話であれば、**先にDD期間中の運転資金分だけの消費貸借に関する契約を結んだ上でDD**を行い、DD後に購入に合意した場合には、それを（実質的に）代金の一部とするといった対応も検討の余地があるところです。

### こうすればよかった

　甲弁護士としてはDDを行わないことのリスクをしっかり説明し、DDを行うようにA社にアドバイスすべきでした。そうしていれば、B社において発覚したような重大なトラブルのリスクを回避できたはずです。

### これがゴールデンルールだ！

　「契約だけ見るように言われたからDDをしなかった」というのは言い訳にならない。DDを通じてM＆Aのリスク管理を！

第6章　M＆A契約にまつわる失敗……157

## 27 知ってしまった買主は保護されない
〈補償条項〉

### 失敗事例　補償条項を設けたのに補償されない

　　甲弁護士はＡ社から依頼のあった、Ｃ社からＢ社を購入するＭ＆Ａ契約についてレビューを行っています。
　　甲弁護士は前回の失敗の教訓を踏まえ、きちんとDDを行うようアドバイスし、DDの結果、様々なリスクが発覚しました。
　　甲弁護士がそのリスクをＡ社に伝えたところ、Ａ社は「補償条項を設けて、リスクが現実化した場合にＣ社から補償を受ける前提でリスクを取る」ということで、契約書に補償条項を設けた上で、購入に至りました。

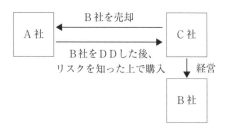

　　購入直後、Ｂ社の従業員が労基署に通報したため、Ａ社は労基署から注意指導を受けるとともに、多額の未払い残業代を支払うことになりました。未払残業代リスクはDDで発覚済みでしたので、想定どおりＡ社がＣ社に支払いを求めると、Ｃ社は「DDで発覚済みであり、補償は不要だ」と回答しました。
　　「これでは補償条項を設けた意味がないじゃないか」と甲弁護士はうなだれています。

> **解説**

## 1 失敗の原因

　6章26（152頁）で表明保証と補償について説明しました。例えば、「未払い残業代の問題がない」という表明・保証を売主が行ったものの、現実には未払い残業代の問題があれば表明・保証違反があったとして、買主は補償条項に基づき補償を求めることができます。

　ところが、一般には、M＆A契約において、ある事項（例えば、未払残業代が存在すること）について**買主が知っていたら**（又は重過失により知らなければ）、買主は売主に対して補償を要求することができず、買主は保護されません（アンチサンドバギング）。

　そして、このことを前提に、実務上はいくつかの対応があり得ます。

　1つ目は**そもそもそのような会社を買わない**というブレイク（交渉決裂）です。

　2つ目は、**価格に折り込む**、つまり、未払い残業代のリスクを計算し、その最大リスク（エクスポージャー）を相当価格から差し引くことを目指して交渉するということです。

　3つ目としては**買主が知っている**事項についても補償を求めることができる、いわゆる（プロ）サンドバギング条項（詳細は下記4）があります。

　4つ目としては、特定のイシューについて**特別補償条項**を設け、（DDで発覚し、買主が知っていることを前提とした）通常の補償と異なる特別な補償を求めることです。

　ところが、甲弁護士は、DDで発覚して知っている事実については、契約で特段の合意をしておかない限り、原則として買主は売主に補償を要求することができないことを理解しておらず、DDをして補償条項を設けたことが意味をなさない結果となってしまいました。

## 2 表明保証条項と補償条項

　M&A契約において、対象会社（B社）が予想外の問題を抱えてい

第6章　M＆A契約にまつわる失敗……159

るというリスクを管理するための主要な条項として、**表明保証条項**と**補償条項**が挙げられます。

　いくら経験豊富な弁護士や会計士がDDを実施したとしても、全ての事実が正確に判明するわけではなく、質問に対し誤った回答がなされ、裏付け資料としても誤った資料が提出されるといったことはあるでしょう。そのような誤りは多くの場合過失によるものでしょうが、場合によっては故意に虚偽の説明をされるかもしれません。

　また、重要性の原則（リスクベースアプローチ）に基づき、一定の取引額等で「裾切り」をしてDDにおける調査範囲から外した部分でリスクが発現するかもしれません。例えば、取引額500万円以下の取引先をDDの対象から外す場合、ある取引先との間で揉めているものの、当該取引が500万円であれば、このトラブルがDDで発見されず、クロージング後に顕在化するといった状況も想定可能です（とはいえ、一般論としては、DDにおいて金額での「裾切り」はしても、現にトラブルになっている取引先があればその情報は提供するよう求めることで、このような状況を減らすようにすべきです）。

　そこで、M&A契約では、一般に、表明保証と補償について条項を設けることとしています。対象会社の株式名簿の正確性であるとか、対象会社の財務諸表の正確性であるとか、対象会社が業務に必要な資産を所有していること（第三者の担保に供していないこと等を含む）等を表明し、**当該表明の正確性を保証した上で、もしその不正確性によって買主に損害が発生すれば、その損害を補償**するというものです。

　「保証」と「補償」という読みが同じ単語が使われていますが、「保証」は表明した内容が**間違いないと請け負う**こと、「補償」はそれが間違いであった場合において発生した**損害を補填**することである点にご留意ください。

## 3　M＆A契約の交渉のポイント

　M＆A契約の交渉のポイントとして、多くの場合、表明保証の対象となる各項目は契約書（例えば株式譲渡契約書）の別紙で定められま

す。ポイントは個々の**表明保証項目の内容をどうするか**です。

　例えば、対象会社の労働環境の労働関係法令への適合性について、買主は「『無条件』で適法だということでなければ買えない」と言うことは十分あり得る一方、売主は「当然のことながら、違法と知りながら労働管理をしているつもりはないものの、あくまでも『知る限り』適法であるに過ぎない。抽象的な違法リスクについてまで責任を負えない」等の反論をすることがあり得ます。

　このような状況での調整方法として、例えば、買主サイドであれば、単に知る限りということであれば、リスクに目をつぶって調べないことで「知る」状態を回避できてしまうため、**「知り得る限り」**、つまり「調査をすれば知ることができたなら、そのような調査をすべきで、調査を懈怠した結果、知り得たのに知らないのであれば、表明保証違反とすべきだ」と主張することが考えられます。

　このような「知り得る限り」で合意することもあり得ますが、例えば、売主サイドであれば、どのような調査であっても尽くさなければならないのではなく、「合理的調査を尽くして判明する限りに留めるべきだ」と主張して、**「合理的に知り得る限り」**という条項で合意することもあり得ます。

**■表明保証条項の内容と交渉例**

> 買主「無条件で適法であれば買いたい」
> 　　　　　VS
> 売主「知る限り適法であるから買ってほしい」
> 　　　↓
> 「知り得る限り」「合理的に知り得る限り」などの条項で調整することがある

　この辺りはまさに個々の項目ごとの重要性や、実際のところ知っているべきリスクか、調査しておくべきリスクか等に応じて決定されるべきでしょう。

第6章　M＆A契約にまつわる失敗……161

加えて、契約上、補償金額と補償期間を限定する交渉がよく行われます。例えば、売主であれば、受領する対価を上限とし、またある程度**短めの補償期間を希望**するでしょう。これに対し、買主は、上限を設けない、ないしはより大きな額を上限とし、また、**長めの補償期間を希望**するでしょう。

## 4 サンドバギングと特別補償

### ①サンドバギングとは

失敗事例において特に問題となったのは、**当該リスクを買主が知っていること**です。

例えば、労働法令に関し、残業代不払いという違法行為があったとして、買収後に残業代相当額支払いによる損害が発生すれば、買主（A）は売主（C）に補償を求めることになるでしょう。

しかし、買主AがDDを通じて、既に残業代不払を知っていたとしましょう。このような、買主が知っているリスクについても補償の対象となるかというのが、**サンドバギング**（Sandbagging）といわれる問題です。

### ②アンチサンドバギング

そして、この問題に関し、ある事項について買主が知っていたら（又は重過失により知らなければ）、買主が保護されないというのがアンチサンドバギングで、そのような条項を**アンチサンドバギング条項**といいます。

裁判例によれば、原則として、当事者間でサンドバギングの問題について何ら明示的合意がなければアンチサンドバギングとなります（金田繁「表明保証を巡る裁判例の総整理と一考察」金融法務事情2183号60頁以下及び関口尊成＝名古屋秀「【新連載】表明保証に係る裁判例の分析・M＆A実務への示唆　第1回　M＆A契約における表明保証の概要」NBL　1271号　69頁以下参照）。

つまり、ある事項（例えば未払い残業代が存在すること）について**買主が知っていたら**（又は重過失により知らなければ）買主は売主に

補償を要求することができず、買主は保護されません。

③（プロ）サンドバギング

これに対し、ある事項（例えば未払い残業代が存在すること）を買主が知っていてもなお買主が保護されるのが（プロ）サンドバギングで、そのような条項を**（プロ）サンドバギング条項**といいます。

（プロ）サンドバギング条項を入れた場合において、その文言どおりに悪意・重過失ある買主が保護されるかは一定程度の不透明性があるものの（なお、プロ・サンドバギング条項につき「（買主が）表明保証条項に違反していることを知り又は知り得たとしても（略）補償債務を免れない旨を定めたものと解釈するのが相当」とした東京地判令和3年6月18日2021WLJPCA06188004も参照）、少なくともリスクが発現した後の**補償交渉上有利となること等を踏まえ**、買主としては（プロ）サンドバギング条項を入れることを目指して交渉することが多いといえます。

また、特定の既に DD で発見された事項に関する補償という意味で「特別補償」条項を定めることがあります。なお、補償金額や補償期間についても、特別補償は DD で発見された事項についてのものですので、具体的なリスクに鑑みた内容とすべきです。

## こうすればよかった

甲弁護士はアンチサンドバギングが原則となることを踏まえ、補償条項において**（プロ）サンドバギングになるよう交渉**し、最低でも、**残業代の問題だけは特別補償条項により補償の対象**とするよう助言すべきでした。

## これがゴールデンルールだ！

具体的リスクを踏まえた（特別）補償条項にする！

第6章　M＆A契約にまつわる失敗……163

# ㉘ リスクに応じた手法を選択する
〈M＆A方式の選択〉‥‥‥‥‥‥‥‥‥‥‥‥‥‥▶

## 失敗事例 倒産されて打つ手なし

　甲弁護士はA社から依頼のあった、C社からB社の株式を購入するM＆A契約についてレビューを行っています。

　C社は経営が危ないという噂があり、B社はC社の経営にとって重要な子会社でした。

　甲弁護士は、過去の失敗の経験を踏まえ、十分なDDを行った上で、発覚した労働法リスク及び簿外債務リスクに対する対応として特別補償条項を設けました。

　B社の株式購入後、B社における簿外債務の存在が発覚しました。

　「今回は特別補償条項を入れておいたから大丈夫だ！」とドンと構える甲弁護士は、簿外債務の債権者から請求が来たのを受けても慌てずに、A社に対し特別補償条項に基づきC社に補償を請求するようアドバイスしました。

　ところが、C社は倒産しており、打つ手がなくなった甲弁護士は途方にくれてしまいました。

## 解説

### 1　失敗の原因

　この事案では、DD（6章26（152頁））が行われ、特別補償（6章27（158頁））も検討されており、甲弁護士がある程度の対応をした事案だといえるでしょう。

　しかし、株式譲渡が前提とされていたことから、その前提となるス

キームをいわば所与としてとらえて、その中におけるできる限りのリスク管理を試みたように思われます。

　甲弁護士としては、**M＆Aにおいて様々な手法が存在する**ことに思い至るべきでした。例えば、株式譲渡以外に事業譲渡等も存在します。そもそもＣ社の経営基盤が盤石でない（現金がないのでいわば「虎の子」のＢ社を売る）ということであれば、株式譲渡は必ずしも安全なスキームとは言えません。いくら補償条項をしっかりドラフトしても、**倒産されては元も子もない**からです。

　このような観点から、株式譲渡以外の手法、例えば、事業譲渡スキーム等を検討しなかったことが、甲弁護士の失敗の原因です。

## 2　M＆Aの様々な手法（スキーム）

　M＆Aには様々なスキームがあるので、その特徴を把握して対応すべきです。

■M＆Aのスキーム

　以下、各手法とその特徴について解説していきます。

## 3　合併とその特徴

　**合併**とは、ある会社（消滅会社）が他の会社（存続会社）や新設される会社（新設会社）に権利義務の全部を承継させることをいいます。

　**吸収合併**とは、契約（合併契約）により、一方の会社（消滅会社）が解散し、消滅会社の権利義務の全部をもう一方の会社（存続会社）に承継させることをいいます。

**新設合併**とは、双方の会社が解散して、新たに設立する会社（新設会社）にその権利義務の全部を承継させることをいいます。

実務上は、**吸収合併が多く、新設合併は必ずしも多くはありません。**

注意点として、合併が**包括承継**であることから、「消滅会社が良い事業を持っているものの、多額の債務も抱えている」「消滅会社の財務諸表が信用できず、簿外債務がいくらあるかわからない」等の場合に、多額の債務、とりわけ簿外債務をも承継してしまうリスクが存在し得ます。

■吸収合併と新設合併

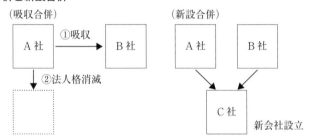

## 4　株式譲渡とその特徴

**株式譲渡**は、譲渡対象となる企業（対象会社）の株主が対象会社株式の全部又は一部を買主に譲り渡すことをいいます。

ある企業（対象会社）の支配権を獲得したいということであれば、その目的を達成する上で、必ずしも当該企業と合併して法人格を同一とする必要はありません。

発行済み株式の全部を譲り受ければ当然に支配を獲得できますが、発行済み株式の過半数の譲渡さえ受ければ、全部を譲り受けなくても、実質的に支配権を獲得することができます。

注意点としては、**単にオーナーが変更しただけ**であり、対象会社及びそれを取り巻く権利義務関係は原則としてそのままであることから、合併の場合と同様に、「対象会社が良い事業を持っているものの、多額の債務も抱えている」「対象会社の財務諸表が信用できず、簿外

債務がいくらあるかわからない」等の場合には、まさに期待したような価値のある対象会社ではなく、大きなマイナスにしかならない対象会社の支配権を、高い対価を払って入手したに過ぎないということになりかねないのです（6章26）。

なお、合併と異なり、株主有限責任の原則があることから、必ずしも対象会社の権利義務を買主が直接承継するものではありません。しかし、日本企業では子会社の損失について株主有限責任を盾に「知らんぷり」をすることは少なく、その意味では、事実上、**自社の一部になった場合と類似するリスク**を負うことになります。

■株式譲渡

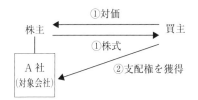

## 5　会社分割とその特徴

**会社分割**とは、会社が営む事業の一部を切り出し、これを異なる法人に帰属させることをいいます。

**吸収分割**は、会社分割手続により、ある法人（分割会社）が既存の法人（承継会社）に事業の全部又は一部を承継させるものです。

例えば、ある企業A（分割会社）が事業aと事業bという2つの事業を営んでいるところ、事業bを切り出して売却したいという場合、吸収分割によって事業bのみを買主の会社B（承継会社）に承継させることが考えられます。

**新設分割**は、会社分割手続により新たに会社を設立し、ある法人（分割会社）が当該新設法人（設立会社）に事業の全部又は一部を承継させるものをいいます。

例えば、上記の事業aと事業bという2つの事業を営んでいる分割会社について、現時点では自社のグループ内で事業aを継続し、今

後、当該事業の売却や他社との合弁化を行うといったことが想定される場合に、新設分割により事業bについて、別の法人とし、分割会社から法人格を分離することでそのような手続をしやすくすることができます。

■吸収分割と新設分割

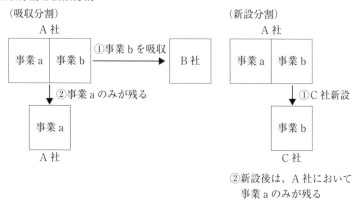

## 6　株式交換とその特徴

　**株式交換**は、ある株式会社（株式交換完全子会社）が、他の株式会社（株式交換完全親会社）との合意により、その発行済み株式の全部を株式交換完全親会社に取得させることを指します。

　既存の会社である株式交換完全親会社が他の会社（株式交換完全子会社）を完全子会社とする際、株式交換完全子会社への影響をできるだけ減らした形で完全子会社化を実現することができます。

■株式交換

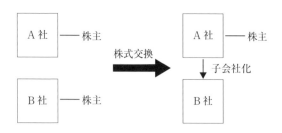

## 7　株式移転とその特徴

**株式移転**は、通常は2以上の株式会社がその発行済み株式の全部を新たに設立する株式会社に取得させることを指します。

複数の会社間の経営統合に際し、共同して持ち株会社を創設するために実務上多く用いられます。

株式交換とは完全親子会社関係を作る点で共通しますが、それと異なり、**新たに会社を設立し、当該新設会社が親会社（持株会社）となります。**

■株式移転

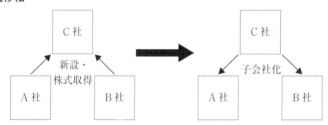

## 8　新株発行とその特徴

新株発行はM＆A以外の目的でも行われますが、M＆Aの目的で新株発行がなされることがあります。また、既存の株式の譲渡と新株発行を組み合わせてM＆Aを行うこともあります。

■新株発行

## 9　事業譲渡とその特徴

事業譲渡は、企業（対象会社）がその事業の全部又は一部を他の者

に譲渡することをいいます。

判例（最判昭和40年9月22日民集19巻6号1600頁）によれば、以下の3要件を満たすものが事業譲渡とされています。
・一定の営業目的のため組織化され、有機的一体として機能する財産の譲渡であること
・営業活動を譲受人に受け継がせること
・譲渡人（対象会社）が競業避止義務を負うこと（会社法21条、商法16条）

そして、事業の全部の譲渡及び事業の重要な一部の譲渡に関しては、対象会社における総会の特別決議を要するとされます（会社法467条1項1号・2号）。なお、近時では、営業活動の引継ぎや競業避止義務を負わない場合であっても、少なくとも**株主総会の特別決議を要するという見解**が有力です。

ここで、ある財産の譲渡が「事業譲渡」と言えるためには、その財産が有機的一体として機能する必要があるので、個別の財産の譲渡ではなく、動産・不動産・従業員・顧客・ノウハウ等が一定の目的のため組織的・有機的に一体となって機能する事業が譲渡の目的となっている必要があります。

事業譲渡は包括承継ではなく**特定承継**です。株式譲渡や合併と異なり、買主が買い取った事業を構成する個々の財産は、そのために必要な手続を経ないままでは買主に必ずしも当然には承継されず、従業員・取引先等の同意や対抗要件（例えば登記）を経ることも必要です。その意味では手続は煩瑣です。

とはいえ、譲受人（A社）にとっては、承継対象を選ぶことができるので、負債等を引き継がずに済む可能性が高まるメリットがあります。「良い事業は持っているものの多額の債務を抱えている」という場合や「財務諸表が信用できず、簿外債務がいくらあるかわからない」等、対象会社の債務を承継したくない場合に、事業譲渡は非常に有望

な選択肢です。ただし、譲受人が対象会社の商号を続用することで対象会社の債務を弁済する義務を負う可能性があります（同法22条）。

### こうすればよかった

　甲弁護士としては、「C社の経営が危なく、虎の子のB社を手放す」という点に注目し、その観点からスキームを検討すべきでした。

　B社が、経営が危ないC社グループを構成しているのですから、色々と無理をしているのかもしれません。そこで、しっかりとしたDDは必要でしょうし、また、B社を譲渡した後にはC社にめぼしい事業は残らなくなるので、場合によってはC社が倒産してしまって契約上にC社の補償義務等を定めても意味がなくなる可能性も想定しておくべきでした。

　そこで、甲弁護士としては、「いろいろと手続は面倒ですが、事業譲渡を受けることで、簿外債務等のリスクを減らすことも考えられます」などと現在想定されているスキーム以外の可能性もあることを踏まえたアドバイスを行い、クライアントにおける**スキーム選択を通じたリスク管理の機会**を与えるべきでした。

　ただし、税務の観点等、法務以外の観点も含めM&Aスキームの検討をすべきです。

### ✴ これがゴールデンルールだ！

リスクがあるスキームを、与件として一顧だにしないのでは役に立たない。スキームレベルのアドバイスも含めた総合的リスク管理支援を！

# 29 合併直後に期待の星が退職!?
〈キーマン条項〉

### 失敗事例 凄腕の営業担当者が会社を去る

　甲弁護士はA社から依頼のあった、C社からB社を購入する契約についてのレビューを行っています。
　甲弁護士はDDを行い、補償条項等も適切なものとしました。
　また、ビジネスDDによって、営業はXとYという2人のトップ営業担当者が売り上げの3割を上げていることがわかりました。
　X・Y以外の者が担当している顧客も、その多くは、元々はX・Yが連れてきた顧客でした。そのようなX・Yの人脈で直接・間接に得た売り上げが、B社の売り上げの8割を占めていることも、このビジネスDDにより判明しています。
　このような情報を得た甲弁護士は、X及びYの退職リスクに対応するため、M&A契約書審査の結果として、「X・Yが一定期間内に退職したら売買代金の一部をC社から返還してもらう」というキーマン条項を入れました。
　もっとも、X・YはこのM&Aを機会に辞めることを元々予定していたらしく、数ヶ月後に転職し、結局、B社の売り上げの8割は消えてしまいました。
　キーマン条項によって代金の一部の返還は受けられたものの、X・Yという重要な人物を失い、その後も売り上げは回復できず、A社は大損をしてしまいました。

**解説**

## 1 失敗の原因

　この事案では、まさにとXとYを引き続き継続的に勤務させられるかどうかが重要であって、簡単にXとYに辞められてしまうのであれば、そもそもそのM＆Aを実行すべきかという点すら問題となるでしょう。

　それにもかかわらず、甲弁護士はキーマン条項があるというだけでリスクが管理できていると軽信してしまいました。これが甲弁護士の失敗の原因です。

## 2 キーマン条項とは

　従業員が永久に辞めることができない雇用契約は労働法上不可能ですし、そのようないわば「奴隷契約」のようなものが許されるはずがありません。どの従業員についても、いつかは辞めてしまう可能性はあります。

　特に、M&Aで経営体制が変わる場合、多くの従業員は「これまでの会社とは異なるものとなる」と捉え、それを契機にキャリアについて考えることでしょう（キャリアに関して、キャリアデザイン、キャリアプランニング及びキャリアエデュケーションを参照）。その結果、**退職を選ぶ人が出てくることは、むしろ当然**のことです。

　もちろん、買主としては、雇用を守ることや会社の体制を維持して今までどおりの働き易い環境を作ることを説明するでしょう、また、重要な従業員については、買主側が直接、又は売主を通じてコミュニケーションを取り、M＆A後も引き続き会社に残ってもらえるよう交渉するでしょう。

　それでも、辞められると買主にとって極めて大きな痛手となる従業員について一定の期間在籍して一定の対応を求め、期間内に退職されてしまった場合、それを**トリガーとして一定の返金等を規定するのがキーマン条項**です（キーパーソン条項等と呼ぶべきですが、現時点で

第6章　M＆A契約にまつわる失敗……173

はキーマン条項が一般的ですので、この用語法に従っています）。失敗事例でも、キーマン条項が実際に定められています。

## 3　キーマン条項の限界

　もっとも、「キーマンが1人辞めただけで、即契約解除や全額返還」というような内容のキーマン条項はあまり見かけません。一定の減額（返金）といった対応が現実的でしょう。

　そうしますと、キーマン条項はある意味では、X・Yのような本当に重要な従業員が辞めた場合に生じる損害のごく一部が填補されるに過ぎず、それだけでは十分な対応にならないのです。このような**キーマン条項の限界**を把握することが重要です（キャリアプランニング200頁参照）。

　むしろ、キーマンを長期間引き留めることの保証はできないことを前提とした上で、キーマンがいなくなっても大丈夫な会社になるよう適切な引き継ぎを求めるようなキーマン条項とすること等がより現実的でしょう（ただ、本件のX・Yについて合理的な引き継ぎがされるだけで今後の経営が大丈夫かは大いに疑問があります）。

## 4　キーマンへの競業避止義務で対応できるか？

　ここで、B社とX・Yが競業避止に関する誓約書を結び、「転職を永久にしない」とか「競業他社には転職をしない」と合意することは考えられます。

　ただし、職業選択の自由の観点から、永久に転職を禁止するといった合意は**公序良俗違反で無効**と考えられます。

　これに対し、例えば、B社の営業秘密に触れるような高い立場の従業員については、営業秘密保護の観点から合理的期間・合理的範囲で競業避止を適法に誓約させることができますが、このような限定を付さざるを得ません。

　なお、実務上は、競業避止について合意はしたものの、例えば、現職の給料が低く生活のために転職せざるを得ないとして転職する場合

もありますし、例外的ではあるものの、悪意ある一部の従業員が顧客を奪うためにあえて同業他社に転職したり、自分たちで競合する企業を立ち上げたりする場合もあります。

そのような場合において、一定の法的措置によって対抗をする余地はあるものの、例えば、顧客が競合企業について行った場合において、継続的に発生し続ける損害のうち、どれ程の割合を現実に回復できるかは疑問です。

## 5　実務対応

基本的には、ＸやＹが、今の待遇に満足しているのか、それとも「もし別の会社に転職したり、場合によっては自分で会社を立ち上げたりすれば、もっと儲かる」と考えているのかという点が問題となります。

たとえ、ＸとＹに、どのような考えを持っているかについてＡ社側の人間（例えば甲弁護士）がインタビューをしたとしても「この会社にはお世話になっている、転職は検討していない」というような、いわば「紋切り型」の答えしか出てこないことが多いでしょう。それは、Ｘ・Ｙにとって、甲弁護士は信頼関係のない第三者であるからです。このような相手に対し、転職の可能性等のセンシティブな話をしてもらうことは期待できないでしょう。

確実な方法はありませんが、例えば、**特に誰にお世話になっているのかを聞く方法**が考えられます。例えば「社長が恩人です」となれば、Ｍ＆Ａに伴い社長が交代すればＸ・Ｙが辞める可能性は高まります。

また、Ｘ・Ｙにとっての、**この会社にいることの意味を聞いてみる**のも有効です。その答えとして「ユニークな商材（他の会社の商品なら顧客のニーズに応えられない）」等、Ｂ社で働き続けたい理由を聞き出すことができれば（真実の理由を教えてくれるかという問題は別途ありますが）、その理由をもとに、今後Ｘ・Ｙが残る可能性が高いかどうか、ある程度の予測がつけられるでしょう。

場合によっては、Ｘ・Ｙに株を持ってもらって、引き続きＢ社で頑張り、株の価値を上げてリターンを得てもらうといったやり方等、ス

第6章　Ｍ＆Ａ契約にまつわる失敗……175

キームそのものの変更を考えるべきケースもあるでしょう。

　そして、今回のＡ社による買収の問題点は、そもそもＸ・Ｙの２人に企業が依存しているというリスクの高い構造があることを認識していたにもかかわらず、当該リスクが発現した後でどうやって顧客を維持・獲得していくかを考えていないことにあると言えます。

　その意味では、キーマン条項に依拠するのではなく、ある意味では**「Ｘ・Ｙが辞めた後における企業価値がＢ社の真の企業価値である」**という理解を元に、「Ｘ・ＹがいなくなったＢ社になお購入する価値があるか」が吟味されるべきです。

　その結果として、（少なくともＣ社と合意できる価格では）購入する価値がないと判断されれば、仮にキーマン条項にＣ社が同意したとしても、通常はＢ社を購入するべきではなかったということになるでしょう。

### こうすればよかった

　甲弁護士は、Ｘ・Ｙに依存するＢ社のリスクを知った以上、キーマン条項を設けるだけでお茶を濁すべきではありませんでした。

　むしろ、甲弁護士は、契約条項だけではリスクに十分対応できないことをＡ社に伝え、Ｘ・Ｙに辞められてしまい、売上が80％も減少するような重大な事態が生じ得る可能性があるとして、**そのような状況が生じたとしても、Ａ社としてなおＢ社を買いたいのか**（買う価値があるのか）を検討してもらうべきでした。

　このようなアドバイスを踏まえ、価格について交渉がされた結果、仮に８割の売り上げが喪失しても、Ｂ社の従業員にＡ社の商材をＡ社のコネクションを利用して売ってもらえれば十分に「割に合う」として取引を行うことになるかもしれません。

　もしくは、このようなアドバイスを踏まえてＡ社で検討した結果、そもそもＢ社を買わないという結論になるかもしれません。

　いずれにせよ、Ａ社に対し、そのような正確なリスクへの対応策のアドバイスを行うことが甲弁護士が本来果たすべき役割だったのです。

**これがゴールデンルールだ！**

キーマン条項を入れていればリスク管理ができていると軽信するのでは役に立たない。

契約条項外の対応、場合によっては案件を「ブレイク（交渉決裂）」させるようアドバイスをすることを含めた総合的なリスク管理を！

# 支配株主が変われば会社も変わる
## 〈CoC条項〉

### 失敗事例 オーナーチェンジのリスクを見逃す

甲弁護士はA社から依頼のあった、A社が商品をB社に販売する売買基本契約についてレビューを行っています。

当該基本契約において、解除条項は通常の条項が規定されていたので、甲弁護士は特に問題視しませんでした。

甲弁護士のレビューを元に契約が結ばれ、後に、C社がB社を購入しましたが、B社は基本契約において通知義務等を負わないため、A社には何の連絡もしませんでした。

A社は、B社からの注文量が突然増えたことを「不思議だな」と思いながらも販売を続けたところ、ある日、B社から入金がされなくなりました。

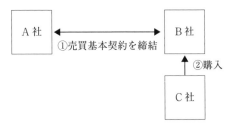

A社の担当者に「売買基本契約書の審査の際に何かできることはなかったのですか？」と言われた甲弁護士は、「大量注文に対して特に確認せず応じたのがおかしいのではないか」と割り切れない思いを抱きつつも、言葉を返せませんでした。

**解説**

## 1　失敗の原因

　解除事由が極端に限定されるべきではないことは、2章9（56頁）で既に述べた通りですが、単にオーナーが変更したというだけではただちに解除することができないような契約書は少なくありません。例えば、会社が解散して法人格が消滅する場合等については、これが解除事由となっていることは多いと思われますが、契約で明示的に定めなければ、単に支配株主が変更しただけでは、必ずしもその契約を解除できるとは限りません。

　しかし、会社が第三者に買われることで、**取引相手の実質が変更**することがありえます。例えば、C社が外資系企業で、日本企業と異なり、株主有限責任の原則を振りかざす企業かもしれません。そのような企業は、B社を通じてたくさんの商品をA社から購入してより多くの利益を上げようとするものの、もしB社の調子が悪くなれば、B社をいわば「見捨て」て、B社が倒産状態に陥っても「知らんぷり」するかもしれません。

　そうすると、このような**オーナーチェンジに対応した条項によるリスク管理**が必須でした。ところが、甲弁護士はこの点に留意できませんでした。

## 2　CoC 条項とは

　**支配権移転条項**（CoC＝チェンジオブコントロール条項）とは、取引先の支配権の移転に対応するための条項のことです。条項の具体的な内容にもよりますが、例えば支配株主の変更等一定の場合を通知事項とするもの、支配株主の変更等について事前の書面による同意を求めるもの等が見られます。

　CoC 条項は、通常はM＆A契約に設けるのではなく、**売買基本契約等の取引に関する契約において設けられます**。すなわち、CoC 条項とはM＆A契約において、M＆Aに伴い買主の支配者が変更される

第6章　M＆A契約にまつわる失敗……179

かを問題とするのではなく、通常の取引に関する契約において、相手方当事者の支配権がM&A等によって変更されることを問題とするのです。

例えば、A社がB社と取引する場合、あくまでもA社としては現在のB社の支配株主が支配するB社を信頼できるとしているに過ぎません。そして、今後B社が信用できないC社に支配され、**取引相手として相応しくない状況になるリスク**は常に存在します。

CoCはいわば取引先のM&Aリスク対応のための条項なのです。

■ CoC条項で支配権変更に備える

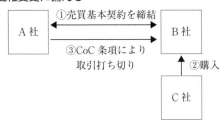

## 3　M&Aが実際に行われる場合の対応

では、M&Aが実際に行われる場合において、対象会社が締結する契約にCoC条項が存在する場合、実務上どのような対応が生じるのでしょうか。例えば、B社がC社によって購入される場合において、A社・B社間の契約にCoC条項が規定されており、M&Aについて、A社の事前の書面による同意が求められていれば、DDでCoC条項を発見したC社が対応を求めるでしょう。具体的には、**C社がB社を購入する前に、B社から、買収される旨やそれに同意してほしい旨がA社に連絡**されます。その際にはC社がどのような会社で、今後も引き続き信用できるかに関する情報が提供されることでしょう。そのような状況を踏まえて、A社は**同意するか、同意しない（実務上は契約が解除される）**かを決めることになります。

なお、CoC条項の内容が通知のみであっても、DDでCoC条項を発見したC社が適切な対応を求めるでしょう。具体的には、C社がB

社を購入する前に、**B社から通知**が得られます。通知があればそれを
きっかけにコミュニケーションができます。とりわけ、個別契約につ
いてお互いに合意して初めて締結できるのであれば、問題があるとこ
ろに買われたB社からの大量注文には応じないことで対応できる可能
性もあります。ただ、そのような対応をする前提は、通知等によりA
社として支配権の移転を知ることです。

## 4　与信管理

　なお、甲弁護士の指摘する、「大量注文に対して特に確認せず応じ
たのがおかしい」というのは（CoC条項をつけなくていいというこ
とにはならないものの）確かに一理あります。

　やはり、売主（A社）としては、**与信上限額**として買主（B社）に
いくらまでの売掛金の発生を認めるかを決定し、大量注文が入ったら
「与信上限を超えるので、追加担保や支払い時期を変更してもらえない
と注文を受け付けられない」と説明することが望ましいところでしょう。

## 5　DDをする場合の留意点

　このようにCoC条項はM＆Aと密接な関係があることから、DD（6
章26（152頁））においては、このようなCoC条項の含まれる契約一
覧を作成し、クロージングの条件として通知義務を果たしていること
や同意義務がCoC条項に規定されていれば、取引先が同意している
こと等を求めることが多いといえます。

### こうすればよかった

　甲弁護士はCoC条項の規定を提案し、リスクを管理すべきでした。

### ✹ これがゴールデンルールだ！

**取引先の支配権変更リスクに対応せよ。CoC条項でリスク管
理に貢献する！**

第6章　M＆A契約にまつわる失敗……181

# まだまだ実務の失敗を避けるために

## 1 定義には細心の注意を払う

　契約書には多数の定義と定義語が存在します。例えば秘密保持契約（NDA。なお、秘密保持条項に関する2章7（48頁）も参照）では、開示者と受領者、秘密情報が定義され、その利用目的は、例えば「本目的」と定義されます。

　なぜ定義をするのでしょうか。それは、**日常語や通常の法律用語と異なる意味を持たせるため**です。

　そこで、定義語が登場した場合には、その語をそのような特別な意味の言葉として利用しても問題がないかについて留意しましょう。

　例えば「秘密情報」というのがその契約において受領者が保護すべき開示者の情報であると定義されている場合、その秘密情報を「受領者として自己の秘密情報と少なくとも同程度の注意を払って管理する」とはしてはなりません。それは、既に秘密情報が開示者の情報として定義されている以上、「自己の秘密情報」という表現を厳密に解釈すると矛盾が生じてしまうからです。この場合は、例えば「自己の秘密情報」を「自己の秘密」とする等、**あえて定義語と異なる文言とする**ことで、定義語との相違を意識したワーディングを心がけるべきです。

　なお、定義はできるだけそれが定義語だということがパッと見て分かるようにするべきです。例えば、「本」や「本件」を付すことでそれが**定義語だということを明確**にしましょう。

　時には、定義語の修正交渉の中で、当事者の権利義務を実質的に定義に入れ込もうとすることがありますが、**通常は避けるべき**です。仮に、「受領者とは、開示者から秘密情報を受領して、秘密情報を善管注意義務を払って管理する者をいう」のような義務を入れ込むと、いざ情報を漏洩した相手に対し、「善管注意義務違反だ！」と主張した場合に、相手から「当社が貴社の秘密情報を善管注意義務を払って管理しなかった、という貴社のご主張を前提とすると、当社はそもそも

受領者の定義に含まれず、よって本契約の受領者としての義務に違反していないことになる」と反論されてしまうかもしれません。

そして、契約書においては、初出の際に定義し（例外的に後に定義する場合は「○条にて定義する」と説明する）、**一度定義したら、一貫して同じ語を利用**し続けます。例えば「秘密情報」という用例も「機密情報」という用例もあり、いずれの用例でも基本的には構わないのですが、同じ契約書では（少なくとも同じ意味で）双方を用いてはなりません。

## 2　修正理由に説得力を持たせる

修正理由をコメントする場合、相手方に「こういう理由で修正する（修正しない）必要があるのか。それなら仕方がないか」と思わせるようなコメントをすべきです。

まず、重要な事項であれば、**理由の説明のない修正はすべきではありません**（もちろん、修正履歴をつけない、いわゆる「サイレント」の修正は最悪です）。なおかつ、修正理由について、「原案どおりでお願いします」「これが当社雛形文言ですから雛形通りとしてください」などというような、理由にならない理由は避けましょう。

次に、**できるだけ理由づけの説得力を上げる**ように努力しましょう。例えば「民法の任意規定どおりにさせてください」というのは、交渉力が強いほうがそう言えば通るのかもしれませんが、本来は任意規定なのですから両当事者が合意すれば変えられるはずです。そこで、その事案で民法の任意規定通りで合意すべき理由を説明することが望ましいです。

一般には、具体的ビジネスを踏まえないなら、「こちらの当事者に有利な文言とそうすべき根拠」はほぼ全ての場合において事前に準備することができます（AIやリーガルテックがそのような情報を準備することができます）。しかし、それをお互いに投げ合ってもなかなか打開できない訳です。そのような状況においてどうすべきでしょうか。まず、一般論として「こちら側の当事者はこう言いたい」「相手

まだまだ実務の失敗を避けるために……183

側の当事者はああ言いたい」ということは最低限踏まえましょう。その上で「お立場は分かりますし、あなたの一般論は理解していますが、そうであっても、本件ではこうなので、こちらとしてはこのように修正してもらうことが必須であるし、このように修正してもあなたの利益は守れていますよ」と説明することで、（交渉力に大きな相違がないことを前提とすれば）相手に認めてもらえる可能性の最大化を図ることができます。

いずれにせよ、ターンの問題はあります。ターンとは、何回やり取りを繰り返して合意するかのことで、極めて重要な契約なら納得するまで何ターンもやり取りしますが、**1-2往復**とか**2-3往復**程度で適宜折り合いをつけ、後はリスクを取るというような交渉形態も、実務上少なくありません。

そうすると、相手に「なぜそのような修正なのですか。合理的理由があるのであれば検討しますが、合理的な理由はあるのですか？」と質問することは、最重要事項について相手がコメントなしでこちらにかなり不利に修正し、なおかつ、合理的理由もなさそうという場合には有効かもしれません。

しかし、相手から「当社雛形がそうなっているからです」といった返答が来れば、単に1ターンを浪費しただけとなってしまいます。その意味では、むしろ「こちらはこのような理由でこの条項を提案しているので原案で飲んでほしい」と説明したほうが**ターンを有効に活用**することができるかもしれません。なお、相手と会議を開催することでターンを増やさずに迅速にイシューを解決するという方法もありますが、そのようなやり方をするべき案件とそこまでは不要な案件があるでしょう。

## 3　依頼が来たらなるべく早く着手する

契約レビューの依頼が来ても、別の案件の対応中ですぐに依頼に対応できないことも多いでしょう。

「あと少しで別の案件が終わる」ということであれば、その案件が

終わってからでもよいでしょう。しかし「この目の前の案件は今日1日がかり」とかであれば、**キリが良いところで一度手を止めて、今来た契約レビューの依頼について検討**しましょう。

　弁護士を想定すれば、概ね、以下の点を確認することになります。


・弁護士に求められているゴールは理解したか
・当該ゴールを実現する上での資料・情報に不足はないか。（不足があれば）その不足はどのように埋めるか
・その他コミュニケーションをしておく必要な事項はあるか


　まず、ゴールがブレていれば意味がありません。一般には「リスク管理」なのですが（1章1（12頁）参照）、具体的な事案に応じたものとして、例えば「交渉力が弱いので『ここだけは守りたい』という点と交渉方針を明確にし、残りはリスク告知に留める」「とりあえず高いボールを投げる」等の個々の依頼のゴールを確認しましょう。なお、期限や形式（依頼者向けの修正とコメントを作成するのか、相手方向けのコメントを作り、なぜそのようなコメントとしたのかをメール本文で依頼者に説明するのか等）を含めて**「この仕事がスムーズに完成した」と言える場合のイメージを、きちんと依頼者と共有**できるかが重要です。

　次に、そのようなゴールの実現のためには、様々な資料や情報が必要なはずです。とりわけ、契約書審査は具体的なビジネスを前提としていますので、その具体的なビジネスを理解しているか等、様々な点を確認しなければなりません。例えば、秘密保持契約のレビューのためにはどちらが質量において多くの情報を提供・受領するのか等の情報が必要となります。このような情報は、相手に対してコメントする際にも有用です。そのような情報がきちんと依頼者から提供されている必要があるでしょう。

　さらに、その他具体的状況に応じては「どうもビジネスモデル自体に問題がありそうで、その点が確認できるようになるまで、そもそも

まだまだ実務の失敗を避けるために……185

レビューには入れない」（1章3（24頁）参照）等もあり得ます。また、メールベースでのコミュニケーションではなく、会議の招集を必要とすることもあります。

　このような確認の結果、すぐには契約審査を開始することができない、となることは実務上少なくありません。だからこそ、目の前の案件に取り掛かっている最中でも、**たとえ5分でもいいので**、今来た契約書審査の依頼に対し「後で時間ができて、この契約書の審査を始めるとき、スムーズに審査できるのか。その段階で質問等しないといけないことは出てきそうか」という点を検討しましょう。そして、スムーズに審査できなさそうである、すなわち、依頼者とのコミュニケーションが必要そうであるということなら、**依頼が来た段階でそのようなコミュニケーションを行うべき**です。

　例えば、骨のある契約書の審査の依頼で、「1週間後までに依頼者に返す必要がある」という場合に、6日後にレビューを始めて、その段階で「依頼者に追加で確認すべきことがあり、このままでは審査が間に合わないことに気づいた」という事態はできるだけ避けましょう。

## 4　AがズレるとBもズレる

　契約書を一度ドラフトしたらそれで終わりということは多くありません。依頼者に送付し、依頼者のレビューを受ける、相手方に送付し、相手方の修正・コメントが入る等、その後も引き続き修正対応を必要とすることが多いと言えます。その際は、とりわけ**Aというところに修正が入るとAが変わるだけではなく、Bも変わるということが頻繁に生じる**ということが重要です。このような、ある事項がずれると別の事項もずれるという点に留意すべきシチュエーションをいくつか例示しましょう。

・定義が削除、変更されたのにもかかわらず、元の定義語を用いた表現が残っている
・ある条項が削除／追加されたのに他の部分の条文番号が更新されて

いない（n条の次にまた同じn条が来る、間違った条項を引用する
等）
・追加した内容と矛盾する条項を削除、修正していない


　最初の定義語については、定義が削除・変更されたらその定義語が
なお利用されている部分を確認する、日本語であれば「本」や「本件」
がついているもの、英文なら大文字で始まっているもの等に留意する
ということが考えられます。
　また、条項の削除については、条項削除時に「意図的に削除
（intentionally omitted）」と記載することで、条文番号のズレを防ぐ
という方法はあります。もっとも、そのような対応をしたとしても、
例えば10条を削除したのにもかかわらず、存続条項に10条を入れたま
まにしてしまう等のミスは生じ得ます。
　さらに、追加した内容と矛盾抵触する別の箇所が残る問題について
は、対策として「他のいかなる規定にもかかわらず」と記載する方法
はありますが、２つの条項が「他のいかなる規定にもかかわらず」か
ら始まっているところ、内容が相互に矛盾しているというような場合
もゼロではなく、なかなか容易に解決することはできません。
　現在はテクノロジー（Wordの機能やアドオン機能等）によって一
定程度の対応が可能ですが、全てをテクノロジーに任せることはでき
ません。
　要するに、**全ての悩みを解決する、「銀の弾丸」はない**のです。地
道に確認すべき部分は（うまく工夫することによってある程度減らす
ことはできますが）残り続けます。


## 5　交渉力がなくてもリスク管理に知恵を絞る
　読者の皆様は、契約審査について、「結局交渉力で全てが決まるので、
契約審査をいくらしっかりしても意味がない」とお考えかもしれませ
ん。
　確かに、いくら頑張っても修正自体が見込めないというシチュエー

まだまだ実務の失敗を避けるために……187

ションはあるでしょう。しかし、既に1章4（30頁）で述べたとおり、**交渉力がなくてもそのことを前提として様々な対応が可能**であり、交渉力がないからといって諦めるべきではありませんし、相手が譲らなさそうだからと諦めるべきでもありません。

　例えば、自社が顧客に納品し、著作権を顧客に移転しなければならない成果物について、委託先が「どうしても著作権を移転したくない」と主張してこの点にこだわり、委託先に著作権を留保したまま、自社（委託元）が無制限のライセンスをもらえるという形であればなんとか妥協できそうだという状況になっているとしましょう。

　この場合に「相手が譲らなさそうだ」として著作権の譲渡を受けることを諦めると何が起こるかは、読者の皆様であれば容易に想像できるのではないでしょうか。そう、**顧客に対する契約違反**です。だからこそ、**先に顧客に対し、「著作権は移転できず、ライセンスだけになる」と説明し、了承を得てから**委託先と（著作権を移転できないことを前提とした）契約を締結しなければなりません。

　結局のところ、自社として交渉力がないことはあり得ますが、その場合には、交渉力がないなりにどのようにリスクを管理するかを考えることが必須であり、交渉力がないならば、知恵を絞ってリスクを管理するしかないのです。

　とはいえ、結局は合理的なターン数と合理的なリスク管理という双方の見合いという部分もあります。上記2の通り、頑張って何ターンも交渉すればなんとか合理的な落とし所にたどり着けるという場合であっても、「それでは時間がかかりすぎる」として、多くのターンを消費すればたどり着ける落とし所より、よりリスクの大きい条項で妥協することもありえます。

　いずれにせよ、弁護士としてはそのような依頼者によるリスクテイクに関する**意思決定を適切にサポート**する必要があります。

## 6　具体的な事案でのリスクの察知はAIよりも人間が得意

　我々は、日々勉強をして契約審査に備える必要があります。

その類型の契約審査が初めてだという場合、例えば**ITならITの基本を学ぶ**といいでしょう。それが分かってないと、結局、細かな文言のような、リスク管理上あまり意味がないところのみ気になってしまい、その類型の契約における常識的な事項、例えば「クラウド契約に請負雛形は流石におかしい」（5章21（120頁））といった事態に対応することができなくなってしまいます。

　また、**その類型の契約における雛形等を通じて**その類型において一般的にどのようなリスクがあり、どのようにそのリスクに対応しているかを理解すべきです。

　ただし、いわゆる契約類型ごとの一般的なリスクというものは、契約審査を始めるにあたり知っておくべき「最低ライン」に過ぎないのであって、それを理解しているというだけで適切なレビューができるものではありません。とりわけ、このような一般論に基づくレビューは今後リーガルテックがますます高度に支援するところであり、リーガルテックと協力しながらできればいい、ともいえるでしょう（ChatGPTと法律実務参照）。

　人間の弁護士がAI・リーガルテック時代に活躍する上で重要なポイントは、具体的な事案においてどのようなリスク管理（1章1（12頁））を行うかです。つまり、**目の前の具体的事案におけるリスクがどこで発現しそうか、ということを適切に抽出し、それに対する具体的な対応を行う**ということです。これは必ずしも本で勉強するだけで簡単に理解できるものではありません。しかし、そういうものであるからこそ、OJT等で学ぶことで、リーガルテック時代においてもなお、**AIにはできないことができる能力を持った弁護士として重宝**されるでしょう。

　本書は、必ずしも網羅的には、このような具体的な事案においてどのようなリスク管理を行うかを伝えることができていません。しかし、このような具体的リスク管理を行う際の心構えや、その前提となる多くの人がミスしがちな事項をまとめることで、本書を参考に、読者の皆様が、一部でもそのヒントを得ることができれば幸いです。

まだまだ実務の失敗を避けるために……189

# 著者紹介

**松尾　剛行**（まつお・たかゆき）
桃尾・松尾・難波法律事務所パートナー弁護士（第一東京弁護士会）

2006年　東京大学法学部卒業
2007年　桃尾・松尾・難波法律事務所入所（現パートナー）
2013年　アメリカ合衆国ハーバード・ロースクール卒業（LL.M.）
2014年　アメリカ合衆国ニューヨーク州弁護士登録
2020年　中国北京大学法学院博士（法学）
2023年　慶應義塾大学特任准教授
2024年　学習院大学法学部特別客員教授
　中央大学非常勤講師、AI・契約レビューテクノロジー協会代表理事、
一橋大学客員研究員（2024年9月現在）


## 著書

『最新判例にみるインターネット上の名誉毀損の理論と実務［第2版］』
（共著、勁草書房、2019年）
『AI・HRテック対応 人事労務情報管理の法律実務』（弘文堂、2019年）
『実務解説　行政訴訟』（共著、勁草書房、2020年）
『紛争解決のためのシステム開発法務―AI・アジャイル・パッケージ開
発等のトラブル対応』（共著、法律文化社、2022年）
『広告法律相談125問［第2版］』（日本加除出版、2022年）
『キャリアデザインのための企業法務入門』（有斐閣、2022年）
『ChatGPTの法律』（共著、中央経済社、2023年）
『ChatGPTと法律実務 – AIとリーガルテックがひらく弁護士／法務の
未来』（弘文堂、2023年）
『クラウド情報管理の法律実務［第2版］』（弘文堂、2023年）
『実践編　広告法律相談125問』（日本加除出版、2023年）
『キャリアプランニングのための企業法務弁護士入門』（有斐閣、2023年）
『法学部生のためのキャリアエデュケーション』（有斐閣、2024年）
他多数。


詳細は　https://researchmap.jp/tm1984/

## 実務の落とし穴がわかる！
## 契約書審査のゴールデンルール30

2024年10月17日　初版発行

著　者　　松尾剛行

発行者　　佐久間重嘉

発行所　　学陽書房

〒102-0072　東京都千代田区飯田橋1-9-3
営業／電話　03-3261-1111　FAX　03-5211-3300
編集／電話　03-3261-1112　FAX　03-5211-3301
http://www.gakuyo.co.jp/

DTP制作・印刷／精文堂印刷　製本／東京美術紙工　装丁／佐藤　博
©Takayuki Matsuo, 2024, Printed in Japan
乱丁・落丁本は、送料小社負担でお取り替え致します。
定価はカバーに表示しています。

JCOPY〈出版者著作権管理機構　委託出版物〉
本書の無断複製は著作権法上での例外を除き禁じられています。複製される場合は、そのつど事前に、出版者著作権管理機構（電話03-5244-5088、FAX 03-5244-5089、e-mail：info@jcopy.or.jp）の許諾を得てください。

ISBN 978-4-313-51214-6　C2032

◎好評既刊◎

# 大好評の保全・執行の実務書、待望の最新版！

弁護士が身につけておきたい、民事保全・執行30の鉄則！「第三者からの情報取得手続」など、民事執行法改正を反映！

## 失敗事例でわかる！
## 民事保全・執行のゴールデンルール30＜改訂版＞

野村 創［著］
A5判並製／定価3,630円（10%税込）